With【SERIES】
ウィズシリーズ

生き方
ガイドブック
逝き方

最期の暮らしと
看取りを考える

新田國夫●監修
Nitta Kunio

朝日新聞厚生文化事業団

Prologue

　自分の親や伴侶、もしくは自分自身が最期を迎えるとき、どうすれば本人らしく、望むようなかたちの「逝き方」ができるのか。このことを考えると、その人が最期までをどう生きるかの、「生き方」を考えることに他ならないことに気がつきます。

　すなわち「どう死んでいくか」は、最期までを「どう生きるか」と言い換えることができるのです。

　ただ、「死」や「看取り」が生活の場から切り離された近年、自分の身近な人の、あるいは自分の最期までの生き方をイメージすることはむずかしいものです。いま日本の社会では、がん・脳卒中・心臓病のいわゆる三大疾病や、認知症の発症率が盛んに取りざたされています。実際にこうした病気にかかった人の話を聞く機会も増えました。しかしわがこととなると、とまどいや不安、あるいは恐れが先に立つものです。何となく想像はついても、それぞれの病気がどのような経過をたどるのか、それによってどのように生活や気持ちが変化するのかなど、具体的なことまではわかりません。このように、わからないこと、知らないことが多いために、人生の最期に向けての不安が大きくなってしまっているとも言えそうです。

　いざ自分の親が認知症になったら、あるいは末期のがんとの診断を受けたら、家族はどう対処すればよいのでしょうか。人生の終わりの日々をどう生き、そしてそれをどう見守るか、最期をどう見送るか。これまでタブー視されがちであったこの命題を、新田國夫医師の経験を踏まえて整理したのが本書『生き方、逝き方ガイドブック』です。

　家族にできるサポートを考えるにあたっては、ご本人を中心に考えること、そして、できるだけ住みなれたまち、住みなれた住居で最期まで暮らすことを前提としました。「かかりつけ医」のススメは、数々の命題に対する、一つの提案でもあります。

　最期までをどのように生き、どのように逝くのか。本書はその基本をできるだけ具体的に明らかにするよう心がけました。読んでいただいたみなさまには、あくまでも本書をガイドとして、それぞれに考えていただきたいと思います。なぜなら、百人には百通りの、一万人には一万通りの、ご本人らしい生き方、逝き方があるはずだからです。

2015年2月

朝日新聞厚生文化事業団

最期(エンド オブ ライフ)まで家で暮らしたい
あたり前の願いをかなえるには

　人は誰しも高齢になると、目や耳が衰えたり、もの覚えが悪くなったり、病気がちになったりします。身体が思うように動かなくなって、ふだんの生活に不自由をきたすようになると、「このままずっと家で暮らしていてだいじょうぶだろうか？」という不安がよぎるもの。不安なのは本人だけではありません。家族も同様です。

　専門のケアサービスが受けられる高齢者施設や病院へ移ろうかと思い始めるのは、多くの場合、それまでの生活を続けていくことに不安を覚えるからではないでしょうか。そして近い将来、さらに身体が不自由になる可能性を思うと、「住みなれた家で最期まで暮らす」という本人の願いや、「みんなで看取りたい」という家族の思いは、専門施設が保障してくれそうな「安全」や「安心」に打ち消されてしまいがちです。

　では、本当に施設や病院なら安全で安心なのでしょうか。

　確かに施設には、高齢者の使いやすい設備が整えられ、専門のケアワーカーがつねに利用者の様子に目を配っています。病院なら、心拍や血圧が24時間モニターされ、急変時にはアラームが鳴って看護師や医師がベッドサイドに駆けつけることができます。しかし、どんなに手厚く医療や介護を尽くしても、人にはいつか必ず死が訪れます。病院は、病気やけがを治し生命を救うための施設と位置づけられており、病気を治すための医療モデルしかもっていません。病院の中の死は医療死です。しかし今後は、病気をもっていても家で暮らし続ける生活モデルへの転換が必要なのです。

　老いが生活とともにあるように、その先の死も暮らしの一場面としてあるのが、本来の自然な在り方なのではないでしょうか。なぜなら、老いも死も人の生命の自然な経過の一つだからです。だとすれば、住みなれた場所で死を迎えたいと願うのは、ごく自然な、あたり前のことです。また、安全・安心を求めて施設や病院に移ることを希望するのは、多くの場合、本人よりも家族であるようにも見受けられます。

　けれども、在宅で看取りを迎える前にもいくつもの課題があります。老老世帯や高齢者の独居世帯が急増していること。そしてそのような世帯でも、認知症などの生活支援と介護が必要な高齢者が増えていることです。最期まで自分らしく生きるとはどのようなことなのか、離れて暮らす家族は本人の望みをかなえるために何ができるのか、それぞれが具体的にイメージし、心がまえをもつことが求められています。

とはいえ、病気や障害をもちながら在宅での生活をするための情報が十分にあるとは言えません。戸惑ったり、疑問が生じたりすることもあるでしょう。そんなときに考えのよりどころとなる3つの原則を次にあげます。

❶ 決めるのは本人〔自己決定〕

看取りへの日々のなかでは、生命にかかわる重大な決断が必要なこともあるかもしれません。どんな場合にも、決めるのは本人です。なぜなら、本人の代わりに生き、老いて死んでいくことは誰にもできないからです。家族が勝手に決めることはできません。

❷ 生活を続けるということ〔生活の継続〕

在宅生活には、施設や病院にない多彩な刺激があります。たとえベッドから起き上がれなくなったとしても、家族の会話が聞こえ、家事をする音、食事のしたくをする匂いもわかります。窓を開ければ自分が大事に育ててきた季節の花が目に映り、香りまでもが部屋に入ってくるでしょう。自ら身体を動かし、何かをすることだけが「生活」ではないのです。

❸ 本人ができることを活かす〔残存能力の活用〕

生活を継続するなかで、本人がそのときどきにもっている能力が自然に発揮されます。だんだんと自分でできることは減っていきますが、受け取る力は五感のうちのどこかに残っています。

在宅で死を迎えるのは「安心のある死」と言っていいと思います。「自然」だからといって何もしないで放置するわけではありません。必要なときに必要な医療を受け、生活を維持するための医療・介護サービスを受けながら迎える死です。

がんや認知症、脳卒中後の障害など、ゆっくりと死に至る場合、その経過のなかで誤嚥から肺炎を起こすなどして、集中的な医療が必要な時期があります。そういったトラブルからいったん持ち直した後、ゆるやかに病状が進むといったことを何回か繰り返しながら、だんだんと最期の時に近づいていくのが一般的な経過です。臨終に近くなってくるほど見守る家族の心身にも負荷がかかりますから、在宅医療、訪問介護の専門職は家族へのケアも行なっていきます。

家族の疑問や心配にキメ細かく応えるために、この本では具体的な事例にもとづいたアドバイスを集めました。読者のみなさんにとってかけがえのないご家族の介護にあたる時間が、穏やかで心豊かなものになりますよう、願ってやみません。

2015年1月　新田國夫

生き方、逝き方ガイドブック
Contents

Part 1 老いの日々へのイメージ
- ❶ 不安はどこから来るのだろう？ …… 10
  - ・不安の正体 …… 11
- ❷ 老いはどのようにすすむのか …… 16
  - ・老いの2つのパターン …… 17
  - ・男女で老いのすすみ方に違いが …… 18
- ❸ 要介護になる原因は …… 20
  - ・「要介護」の原因と死亡原因とは一致しない …… 21

Part 2 70歳からの健康と医療（疾患別対応）
- ❶ がんの診断を受けたら …… 24
- ❷ 心臓の機能が低下したら …… 26
- ❸ 肺炎は死に至る病？ …… 28
- ❹ 脳梗塞や脳出血が起こったら …… 30
- ❺ うつ病になったら …… 32
- ❻ 認知症を発症したら …… 34
- ❼ 転倒と骨折 …… 38

Part 3 本人が望む場所で暮らすために

- ❶ 安心して最期まで生きられる場所 …… 42
- ❷ どこで、どのように最期を迎えるか …… 48
- ❸ さまざまな職種で支える在宅での暮らし …… 50
- ❹ 暮らしているまちの医療・介護の情報を知る …… 52
  - ・モデルケース①不自由な身体で退院、老老介護の生活に …… 54
  - ・モデルケース②認知症で要介護度3ひとり暮らし …… 58
- ❺ 「かかりつけ医」のススメ …… 60
- ❻ 高齢者の緩和ケア …… 62
- ❼ 延命治療とは …… 66

Part 4 Q&A エンディングに向かう生活

- Q1 介護をする自信がありません。家族がやらなければいけませんか？ …… 70
- Q2 病院のような機器を置くスペースがないと自宅療養は無理ですか？ …… 72
- Q3 古い家なのでバリアフリーになっていませんが、自宅療養はできますか？ …… 74
- Q4 訪問介護や訪問看護は誰に頼めばいいのでしょうか？ …… 76
- Q5 離れて暮らしていると親の認知症に気づかないかも……？ …… 78
- Q6 認知症なのに一人で外出してしまうのは、止めたほうがいいのでしょうか？ …… 80
- Q7 誤嚥を防ぐことはできますか？ …… 82
- Q8 「口から食べられなくなったら終わり」ですか？ …… 84
- Q9 本人の意思がわからないときはどうしたらいいですか？ …… 86
- Q10 ひとり暮らしの親が心配。毎日、誰かが訪れるような態勢を組めますか？ …… 88
- Q11 在宅療養はどのくらいお金がかかりますか？ …… 90

Part 5 家族で見守る穏やかな最期

❶ 死が近づく終末期 …… 94
❷ 最期の瞬間を迎える …… 96
❸ 呼吸が止まってから家族がやっておきたいこと …… 98
❹ 家族で整える旅立ちのしたく …… 100
❺ 遺された家族の悲しみを癒すグリーフワーク …… 102

COLUMN

●元気な高齢者の力を活かす地域づくり	22
●頼れる親族がいないとき―成年後見制度の活用	40
●病院では死ねない・死なない時代	68
●高齢者を狙う詐欺の被害を防ぐには？	81
●しきりに「死にたい」と言うのですが……	85
●急いで医師や看護師に連絡をしなければいけない症状	87
●エンディングノート	97
●エンバーミング	99
●グリーフケア外来・遺族外来	103

Part 1

老いの日々への
イメージ

親や伴侶など身近な人が最期まで納得のいく生き方をまっとうできるようにと願うとき、その環境づくりを進めるには具体的なイメージをもつ必要があります。そのためには、いま抱えている不安を明らかにし、本人の望みを知ることが大きな手がかりになります。

不安はどこから来るのだろう？

多くの人が漠然と感じる不安。それはどこから来るのでしょうか。ここでは、❶生活の不安、❷加齢に伴う変化への不安、❸病気の不安、の3つの面から、不安の正体を探ってみましょう。

PART 1
Chapter 1

一 不安の正体

① 生活の不安

　いまは、老夫婦で暮らしているけれど、夫（妻）が倒れたり亡くなったりして、老老介護やひとり暮らしになったとき、いまの生活を維持できるのだろうか……。そういう思いは、本人も家族も抱えているものです。たとえばどのような不安があるか、本人と家族に分けていくつかあげてみます。

本人の不安

買い物や掃除など身の回りのことができなくなったら……？

たとえば転んで足を骨折したら、買い物はおろか掃除や洗濯もままなりません。すぐ助けてくれる人が身近にいないのが心配です。

排泄（はいせつ）ができなくなったら……？

同居の子ども世帯はみんな仕事や学校で昼間は不在です。自分でトイレに行けなくなったら、私は家でおむつをつけて留守番になるのでしょうか。

いまある貯金が尽きてしまったら……？

年金だけでは足りなくて貯金がだんだん目減りしてきました。長生きするほど貯金が減っていくと思うと、不安ですし、憂うつです。

家族の不安

火の始末は大丈夫……？

ひとり暮らしをしていた母親が、軽い認知症と診断されました。まだ日常のことは自分でできるようですが、悪化してきたら台所から火事を出してしまうのではないかと心配です。同居できればいいのですが、車で2時間かかるため週末しか帰れません。

親の介護で自分の生活が激変するのでは……？

いっしょに暮らして面倒をみるということは現実的ではなく、介護が始まると私の生活が激変するのではないかと思うと不安です。仕事を続けられなくなるかもしれません。そのうち私自身が身体を壊して介護が続けられなくなるなどということもあるかもしれないと思ったりもします。

騙されて財産を取られるかも……？

知人の親が振り込め詐欺の被害にあったと聞き、ニュースのなかだけのことではないと痛感しました。まじめで人のよい親のこと、孫や子どもの名前を騙られたらひとたまりもないのではないかと心配です。離れて暮らしているので、お金のことまでは目が行き届きません。

徘徊したまま行方不明になったら……？

迷子になり見知らぬ人たちに保護されて、施設で暮らしている認知症高齢者が全国にたくさんいることを報道で知りました。家族と同居でもそんなことが起こると知り驚いています。ひとり暮らしをしている親はなおさらリスクが高いのではないでしょうか。

本人の希望を受け入れられないときは……？

ふだんからしきりに「自然に死にたい」と言っていて、もし手術や胃ろうが必要になっても医師の言うことさえ聞いてくれそうにありません。そのまま衰えていくのを見守るしかないのでしょうか。

介護の必要な家族が何人も重なったら……？

夫の両親も、私の両親も離れて暮らしています。いっぺんに2人、3人と要介護状態になってしまったら行き来する時間やお金のやりくりができなくなりそうで、とても不安です。

　これからは、高齢者のひとり暮らしや老老世帯がめずらしくなくなります。そうした状況であっても、家は人と人とがつながる場所であり、生活の匂いがあります。居心地のよい空間とは人それぞれであり、家族だからといってお仕着せはできません。本人・家族双方の不安を解消する基本は、住まいのあり方をどうイメージし、決めていくかということにあります。

　食事の準備や買い物、掃除などの家事援助、入浴や排泄などの世話を行なうホームヘルパーは、高齢者本人の意思に沿って生活を支えます。これは介護保険のサービスです。要介護というほどでなくても支援が必要な高齢者（要支援1または2）には今後、「介護予防・日常生活総合支援事業」で生活を支えるしくみができます。定期的に医師や看護師が自宅を訪問する医療の制度も、高齢者の暮らしを支える柱となります。

　ただし、ひとり暮らしの高齢者の生活を支えるには、このような公的制度だけではなく、自助、互助、協助のしくみも必要です。あるとき、独居の高齢者に「ひとり暮らしで不安はないですか？」と尋ねたら、「不安はありません。近所の誰かが声をかけてくれますから」という答えが返ってきました。これが互助のしくみです。

　たとえひとり暮らしで認知症になったとしても、その人本人に寄り添い、生活の障害を支え、不安を取り除くような地域づくりが求められています。

❷ 加齢に伴う変化への不安

　大きな病気はしなくても、加齢に伴って筋力が衰えたり、視力や聴力が落ちたり、肝臓や腎臓の代謝が悪くなったりといった生理的な変化は起こります。いままでできていたことができなくなると、本人は不安になります。

　いちばん老いを感じるのは感覚です。視覚や聴覚、味覚、臭覚などがまず衰えるのです。それと同時に、これまでふつうに昇っていた階段で息切れしたり、膝が痛くなったり。あるいは生きる意欲をだんだんなくしていくこともあります。

　このようにあたり前に老いていく現実を前に、これ以上老いたくないという気持ちとの葛藤が起こります。老いに対して「アンチエイジング」をめざして抵抗する場合もあれば、老いを受容する気持ちが生まれてくる場合もあります。思うにまかせない身体をどう受け入れて生活を継続していくか。これは誰もが抱える課題です。

　一方、家族も、日々老いていく親の姿に不安を感じます。特に離れて暮らす家族は、自分で世話ができないぶん、不安がより大きくなります。そして安全・安心を望みます。誰かが見守ってくれたほうが安心だと思い、家族は、施設に入れることを選ぶわけです。そこは安全な場所であったとしても、本人にとって安心な場所かというと、そうとはかぎりません。いまは、地域でも見守りの態勢をつくることができるようになってきています。

❸ 病気の不安

　病気の不安は誰もがもつものです。なかでも急に倒れて身体の自由が利かなくなることと、認知症になることは、２大不安と言っていいのではないでしょうか。

　身体の不調や病気の不安については、いつでも相談できるかかりつけ医（60ページ参照）をもっておくといいでしょう。

CASE 1　突然倒れたら……？

　元気で暮らしていた親が突然倒れ、救急車で運ばれれば、家族は動揺します。本人も、誰かの手助けがなければ、退院してもひとり暮らしは続けられないと気づきます。

　60歳を過ぎて突然倒れる病気で、いちばん多いのは脳卒中（脳梗塞や脳出血のこと）です。心筋梗塞や、がんを宣告されることもあります。

　しかし、実際には突然倒れて救急車で運ばれる人の確率は、それほど高くありません。実は高齢者全体の75％は元気なのです。もし脳卒中などで障害が残ったとしても、訪問リハビリテーションやデイケアサービスを受けながら、自宅で生活することができます。

CASE 2　認知症になったら……？

　いまや認知症患者は、軽度認知障害（MCI）を含めると800万人超。別の表現をすれば、誰もが認知症になり得る時代です。認知症になったとき、いつまで一人で、あるいは老老で家にいられるのかと考え、みんな心配になります。

　認知症は生活障害を起こしますが、顔なじみの関係があれば、一人になっても何不自由なく生活でき、最期まで自分の家で暮らせます。ただ認知症になると徘徊、暴言、暴力などが起こるという先入観があり、それが不安の原因になります。

　結局、不安は老いの行方を理解していないところからくるということがわかります。ということは、高齢者のひとり暮らしを支えるさまざまなサービスがあることを知れば、不安を軽減し解消できると言えます。

老いはどのようにすすむのか

ひと言で「老い」と言っても、その実態は人によりさまざまです。ただ、老いていくプロセスには大まかなパターンがあります。老いのすすみ方についてあらかじめ知識があれば、準備もでき、不安な気持ちが軽くなることでしょう。

PART 1
Chapter 2

→ 老いの2つのパターン

　老いには、病気などによって急に自立度が落ちるパターンと、骨や筋肉の衰えなどによって徐々に生活が不自由になるパターンがあります。

PATTERN 1　急に自立度が落ちる老い

　1つ目のパターンの典型は脳卒中です。それまで元気にしていた人が、突然、脳梗塞を起こし、意識障害になって言葉も出なくなる。マヒをきたした結果、摂食・嚥下障害（飲み込みの障害）も起こして胃ろうを造る、というようなケースです。

　正木さん（仮名・70代）は、脳梗塞で病院に運ばれ、2年間の病院生活を経て、自宅に戻りました。寝たきりでしたが、リハビリテーションをして、胃ろうも取れて自分で食べられるようになり、言葉も少し戻るまでになりました。このように、脳卒中になっても回復していくケースもあります。

PATTERN 2　徐々に衰えていく老い

　2つ目のパターンは、たとえばひとり暮らしの女性・河野さん（仮名・80代後半）のようなケースです。75歳頃から骨粗しょう症で骨折などを繰り返すうちに、だんだん生活が不自由になっていきました。外へ買い物に行けなくなって、ヘルパーさんに頼むようになり、そうこうするうちに腰椎に圧迫骨折を起こし、痛みと同時に動けなくなりました。足に軽いマヒを負い、自分で立って歩くこともできなくなったのです。しかし、河野さんの場合も、経過とともに痛みが取れ、家の中でならなんとか動けるようになりました。

　なお、認知症は、この「徐々に衰えていく老い」に入ります。

男女で老いの すすみ方に違いが

図1-1をご覧ください。これは、一般の日常生活の動作を人や器具の助けなしにできる能力の、加齢に伴う変化のパターンを表したものです。ゆるやかに老いていくパターンと、急激に自立度が落ちるパターンがあることがわかります。また、男性と女性では、老いのすすみ方に違いがあることが見てとれます。

男性の図を見ると、3つのパターンがあります。❶急激に自立度が落ちるパターン、❷徐々に衰えていくパターン、❸90歳まで自立を維持するパターンです。

❸は、いわゆる「ピンピンコロリ」というパターンです。これは、男性には約1割いますが、女性にはみられません。

男性の約2割が❶のパターンで、70代前半で健康を損ねて、重度の介護が必要になるか死亡します。男性の急激に自立度が落ちる原因となる病気で多いのは、脳卒中です。厚生労働省の調査では、介護が必要になる原因の病気の第1位は脳卒中です（21ページ参照）。脳卒中は女性より男性のほうが起こりやすいのですが、これは飲酒の習慣をもつ人が多いためと考えられています。飲酒が原因となるがんや心筋梗塞も、男性のほうが、より高頻度に発症します。

約7割は、❷の徐々に衰えていくパターンです。認知症は、❷のパターンに入ります。

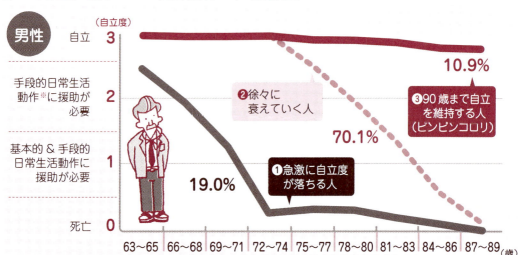

図1-1 ●自立度の変化パターン〈全国高齢者20年の追跡調査〉

※「手段的日常生活動作」は、電話を使ったり、金銭の管理をしたりといった高次の生活機能を遂行する能力のことでIADLともいう。一方、ここでいう「基本的日常生活動作」とは一般に日常生活動作（ADL）と呼ばれているものを指し、衣服の着脱や食事、移動など自立生活を送るのに必要な能力のこと。

一方、女性の図を見ると、9割近くの人がゆるやかに衰えていくパターンです。女性には骨粗しょう症が多く、骨や筋肉の衰えによる運動機能の低下が、自立度が落ちるおもな原因になっています。そのため骨折や転倒も多くなります。男性も加齢により骨粗しょう症になりますが、症状が出るのは90歳ぐらいです。

❷の徐々に衰えていくパターンを男女で比較してみると、女性のほうが衰え方がゆるやかです。

老いのすすみ方は、男女によっても個人によっても差がありますが、男女合わせると約8割の人が70代半ばから徐々に衰えはじめ、なんらかの支援が必要になることがわかります。言い換えると、大多数の人は70代半ば以降も、多少の支援があれば、日常生活を続けることができるということです。

後期高齢者に対し「手厚い介護が必要な人」というイメージをもつ人は多いかもしれませんが、この図を見ると、そうではないということがわかります。これらのパターンを参考にして、心身が弱ってきても、住みなれたところで暮らし続けるために、どのような支援が必要かをイメージしておくことが大切です。

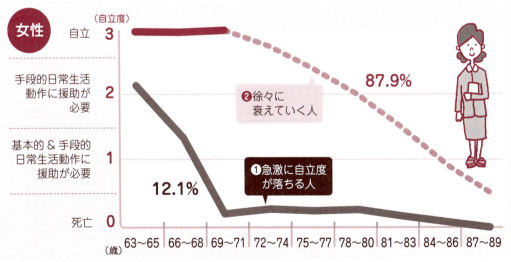

出所：秋山弘子「長寿時代の科学と社会の構想」『科学』岩波書店（2010）

要介護になる原因は

意外に思われるかもしれませんが、介護が必要になるきっかけの病気が必ずしも死因に直結するわけではありません。脳卒中や認知症は、医療や介護の適切なケアがあれば、年単位の長期間にわたって日常生活を送ることができます。

PART 1
Chapter 3

「要介護」の原因と死亡原因とは一致しない

厚生労働省の調査（2010年）によると、要介護者は75～79歳と80～84歳のところでグンと増えます（図1-2）。60代後半から70代前半の間は4.2ポイント増ですが、70代前半と70代後半との間、および70代後半と80代前半との間では7.3ポイント増となっています。18ページの図1-1でも見たように、女性のほうが男性に比べて要介護になる年齢は少し高くなっています。また、要介護になる原因の第1位は脳血管疾患（脳卒中）で24.1％、2位が認知症で20.5％となっています（図1-3）。

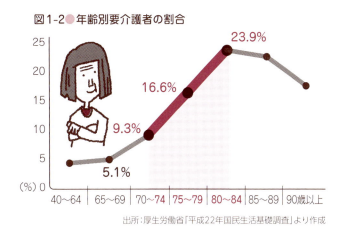

図1-2 ●年齢別要介護者の割合

出所：厚生労働省「平成22年国民生活基礎調査」より作成

ここで理解しておきたいのは、介護が必要になる原因と死因とは必ずしも一致しないということです。65歳以上の死亡原因となった疾病を死亡率（高齢者人口10万人あたりに対する死亡者数の割合）順に見ると、がんが最も多く、次いで心疾患、肺炎となっています（2012年）。つまり、患いながらも介護保険サービスを使って生活を継続できる疾患が、脳血管疾患や認知症であるということです。

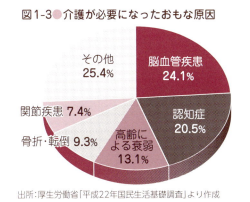

図1-3 ●介護が必要になったおもな原因

出所：厚生労働省「平成22年国民生活基礎調査」より作成

COLUMN

元気な高齢者の力を活かす地域づくり

　後期高齢者には「介護の対象」というイメージがありますが、18ページの図1-1で見たように、実際には元気な高齢者がたくさんいます。そして、13ページの例のように、誰かが声をかけてくれる関係さえあれば、ひとり暮らしの生活は成り立ちます。

　そこでいま、東京都国立市をはじめ全国の自治体が取り組んでいるのが、そうした元気な高齢者の力で手助けが必要な高齢者を支え、助け合うしくみづくりです。たとえば、毎日のゴミ出しや朝夕の新聞の取り込みなど、ちょっとしたことこそ人に頼みにくくて困るもの。そこで、その部分を地域の元気な高齢者に手助けしてもらうという試みです。もちろん、従来からある医療や介護の専門職によるケアが、その分減るわけではありません。

　この取り組みによって、手助けしてもらえる高齢者にメリットがあるばかりでなく、助ける側の高齢者にも心のハリができ、地域とのつながりがしっかり保てるというメリットがあります。人の役に立てるのは、いくつになってもうれしいものです。

　今後、介護保険制度は利用者負担の見直しなど大きな改革が行なわれていくでしょう。そのなかで、どこまでひとり暮らしの高齢者の生活を支えることができるのか。それは、助け合いのある地域づくりにかかっているのではないでしょうか。

Part 2

70歳からの健康と医療

疾患別対応

介護保険は65歳以上の高齢者が利用できる制度になっていますが、実際には70代半ばくらいまで大きな病気もせず、元気に日常生活を送れる高齢者がほとんどです。では70代半ば以降に何が起こるのか。介護が必要になる病気の例や心身の状態の変化、終末期に至るまでの一般的な経過について知っていると、ある程度の見通しをもって日常生活や介護態勢を整えていくことができます。

疾患別対応 ①

がんの診断を受けたら

● **生活を継続できる治療法を選ぶ**

厚生労働省の統計によると、がんは70代、80代の死因の第1位です。この世代の死亡者に占める割合は約3割を超え、2位の心疾患の約2倍にものぼっています（2013年）。先に述べたとおり要介護のきっかけになることは少ないのですが、高齢者の健康と生活を考える上で無視できない病気であることは間違いありません。

がんの3大療法といわれる手術、抗がん剤、放射線療法は、場合によっては完治も期待できる一方、患者の心身に大きな負担となることも少なくありません。ただ医療側は、がんの進行度に応じた治療目標を立て選択肢を提示するのが一般的で、患者が高齢だからといって根治をあきらめたりはしません。大事なのは、その治療が生活を継続するために必要かどうかということです。医療は患者の「生」をサポートするためにあるものだからです。

がんの進行度や、すでにもっている慢性病のことなどもあわせて個別に慎重に検討する必要がありますが、一般的に以下のようなことは言えます。

がんがそれほど大きくなく転移もみられない場合、あるいは放置すれば出血したり詰まりそうだと予測される場合には、75歳以上でも手術をします。胃がんや大腸がん、乳がんなどがこれに当てはまります。前立腺がんや白血病の場合は75歳以上で抗がん剤を使うことはまれです。前立腺がんなら代わりにホルモン療法が行なわれることが多いでしょう。

判断力があるうちは認知症の人にも告知する

治療を始めるにあたっては本人に病気を告知し、本人が治療法を選ぶことが大前提となります。認知症があっても自立生活が可能な程度の軽度の患者であれば、告知を受けて治療の選択をすることができます。しかし、重度の認知症の場合には、告知があっても忘れてしまいますし、いくつもの治療法を理解した上で選ぶということができません。また、手術をすると術後の入院生活でせん妄（言葉やふるまいに一時的に混乱が見られる状態）を起こすリスクも高いことから、手術はしないのがふつうです。

したがって重度の認知症の患者は、痛みがあるようであればそれを緩和し、点滴などもいやがらなければ行なうという具合に、本人の反応から意思を推測して治療をすることになります。

寝たきりになるのは最期の2週間

がんの進行とともに疲れやすくなったり、あまり動けなくなって行動範囲が狭くなったりはしますが、自宅でなら死亡の2週間ぐらい前までは、寝たきりになることもなく生活できる人がほとんどです。痛みについては訪問診療で対処することができますので、適切な緩和ケアさえあれば、患者は穏やかに日常生活を継続することができます。

大腸がん末期でひとり暮らしを続ける杉田さん（仮名・89歳・男性）

杉田さんは認知症の妻を自宅で看取って1年後、大腸がんが見つかりました。検査の結果、ほかの臓器にも転移が見つかり、余命はおよそ1年との診断。2人の子はそれぞれに家庭をもって遠く離れた都市で生活しており、今から同居は困難なことを医師に話し、今後の治療方針について相談しました。そして決まったのが、❶高齢なので身体に負担のかかる抗がん剤は使わない、❷本人の希望をくみ退院後も自宅でのひとり暮らしを継続する、の2点でした。

食べた物の通過障害を軽くするため、外科手術を受けましたが、幸い術後の回復は順調でした。退院する際に見つかった緩和ケアや看取りの経験が豊富な地域のかかりつけ医に診てもらいながら、ひとり暮らしを続けています。

疾患別対応 ❷

心臓の機能が低下したら

⬤ 狭心症や心筋梗塞は血管の老化から起こる

　「心不全」という言葉を聞いたことがあると思いますが、これは病名ではなく心臓の
ポンプ機能が衰えた状態を言います。

　心不全の原因となる病気のうち、加齢とともに増えるのが、心臓を動かすための血
液を十分に供給できなくなるために起こる狭心症や心筋梗塞です。心臓を走る血管（冠
動脈）の一部が狭くなり心筋の働きが衰えるのが狭心症、血流が途絶えて心筋が壊死
してしまうのが心筋梗塞です。いずれも冠動脈の老化で起こるもので、胸をしめつけ
られるような痛みがあり、狭心症は数分間、心筋梗塞では15分以上続きます。ただ、
高齢になるほど典型的な胸痛の代わりに、背中が重い感じや強い肩こりを訴えるケー
スが増えます。心筋梗塞は治療が遅れると生命にかかわるのですが、典型的な痛みに
とらわれていると見逃してしまうことがあり注意が必要です。

　現在ではカテーテルという細い管を通して冠動脈の狭くなった箇所を拡げたり、詰
まった血栓（血のかたまり）を吸い出したりと、必要に応じて手術をすることができ
るようになりました。高齢者でも比較的安全に受けることができ、生活能力を維持・
改善できる可能性の高い手術です。

　また、心電図などの検査では特に異常がないのに、少し動くだけで息が上がってしま
う人もいます。動脈血を送り出す力が弱い場合は、肺から送られてくる動脈血の流れが
滞り、肺にたまってしまうので、水に溺れたのと同じような状態になって息苦しくなり
ます。逆に、静脈血を吸い込む力が低下すると、静脈血がおもに下肢に滞留してむくみ
が現れます。さらに悪化すると息苦しくて横になれず、吐血することもあります。

　心機能の低下は、麻酔時に呼吸停止を起こしやすくなるなどの悪影響を及ぼします。
そのため、がんなどの手術が受けられなくなることもあります。

⬤ 対策は生活習慣の改善

　心臓の病気があると、医師から生活習慣の改善を指導されます。たとえばむくみが

あれば、塩分・水分制限をかけられます。ところが、自宅では家族とともに同じ食卓を囲むうちに、だんだんとなしくずしになり、うまくコントロールできないことを気にやむ人がいます。そうかと思えば、医師から言われたことを家族が厳格に守らせたことがあだになって脱水状態に陥る人もいます。

　厳しい制限を守りながら在宅で暮らすのは大変です。むくみは、心臓だけでなく運動不足からも生じます。まずその人に合った運動（歩行）を行ない、それでもむくみがおさまらないときは、水分や塩分の摂取量対策をします。

自宅療養中にトイレで倒れ救急車で運ばれた原田さん（仮名・84歳・女性）

　原田さんは80代の夫とふたり暮らし。認知症がすすみ、入浴や外出を極端にいやがるようになりました。離れて暮らす長女の説得に応じ、初めてデイケアセンターへ行ったのが、自宅療養が始まってから約3か月後。デイでお風呂に入れてもらったら、これがとても気に入ったとのことで、本格的に介護サービスを利用するためにかかりつけ医を受診することも決まりました。

　認知症は中等度で、もの忘れは激しいものの、そのときどきで相手の話を理解し、判断して返事をすることはできます。引きこもりが続いていた頃、先を案じた長女が「もしものことがあったらどうする？」と尋ねたのに対し、「管につながれて生き延びるのは絶対いや」とはっきり延命処置を拒否する返事がありました。

　自宅で倒れたのは、初めてのデイ体験から2日後のことでした。食事中に気分が悪いと言ってトイレに立ったままなかなか戻らず、夫が様子を見にいったときには中で倒れていました。救急車で病院に運ばれてICUで蘇生処置が行われ、心臓は再び動き始めましたが、意識は戻らないまま他界しました。倒れる直前の様子から、原因は心筋梗塞と推測されます。

　本人がいやがっていた延命処置がされてしまい、残された家族は、本当にそれでよかったのだろうかという心残りがぬぐえません。

疾患別対応 ❸

肺炎は死に至る病？

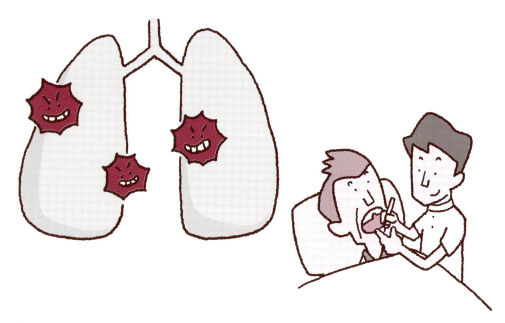

● **高齢になるほど肺炎が死因上位に**

　肺炎はウイルスや細菌に感染して起こる病気です。衛生環境が整い、たくさんの抗菌薬が開発された現在でも死因の第3位にあがっています（2012年）。また、肺炎で亡くなる人の約97％が65歳以上であることから、高齢者にとっては、今もなお死に至るリスクの高い病気であると言えます。

　感染症といえば発熱が最も代表的な症状ですが、高齢者は肺炎を起こしていても高熱が出るとはかぎりません。また、咳をして痰を出す力も衰えるため、いわゆる肺炎らしい症状が現れないことも多いのです。なんとなくいつものような元気がない、食欲が落ちた、意識がはっきりしない、といったことをきっかけに、X線を撮ってみて初めて肺炎だったとわかるケースは決してめずらしくありません。

● 肺炎の予防にはワクチンと口腔ケア

高齢者が肺炎にかかると、病巣がそれほど大きくなくても呼吸不全に陥りやすく、もともともっている病気や心臓の機能低下と重なって、急速に重症化し、死に至ることがあります。典型的な症状が現れないために、発見も遅れがち。まず、肺炎を起こしやすいインフルエンザウイルスや肺炎球菌に感染しないよう、ワクチンを打ち免疫をつけましょう。インフルエンザワクチンは毎年秋に、肺炎球菌ワクチンは一度打てば5年間有効とされています。いずれも高齢者には公費の助成があります。

また、嚥下機能（飲み込む機能）が低下してくると、食べ物や唾が肺に入り肺炎を起こしやすくなります。食事中のムセは、嚥下障害の徴候であることにも留意してください。飲み込みやすい食事と介助方法の工夫のほか、口の中の清潔を保つための口腔ケアも欠かせません。食後の歯磨きを毎回するのは大変かもしれませんが、うがいをするだけでもだいぶ違います。

● COPDは呼吸機能を維持しながら日常生活を継続

高齢者に特有の呼吸器の病気として、もう一つ忘れてはならないのが、慢性閉塞性肺疾患（COPD）です。肺胞が壊れたり、気道に慢性的な炎症があったりして、呼吸機能がだんだんと低下していく病気で、患者の9割が喫煙習慣のあった人だと言われています。軽度のうちは階段を昇るだけで息切れするという程度の症状しかみられないため、多くの人が年齢のせいと考え、かなり重症化するまでわからないことがありますが、早く治療を始めるほど高い水準で機能を温存できるので早期発見が重要です。

COPDで低下した呼吸機能を元に戻す治療法はいまのところないため、いまある機能を温存し、薬や酸素を使いながら日常の活動をなるべく狭めないようにすることが治療の目標となります。インフルエンザや肺炎にかかると急に悪化することがあるので、その予防も必要です。

COPDの診断がついたら、喫煙者はまず禁煙が必要です。中等度以上では気管支拡張剤やステロイド剤による薬物治療を行ないます。薬を使っても十分な呼吸ができない状態まで機能が低下しても、携帯用の酸素ボンベを使って日常生活を続けることができます。

疾患別対応 ④

脳梗塞や脳出血が
起こったら

● カギはなるべく早く治療を開始すること

　要介護状態になる原因で最も多いのが脳卒中（脳血管疾患）です。脳卒中には、脳梗塞、脳出血、くも膜下出血がありますが、このうち70代以上の高齢者に多くみられるのが脳梗塞と脳出血です。なぜ要介護状態になるのかというと、脳の一部で血流が途絶え、脳の神経細胞が障害を受けるためです。

　脳のどの部分の神経が障害されたかによって、現れる症状が異なります。一般によく知られているのは半身マヒですが、ほかにも、発音がしにくくなる構音障害、食べ物が飲み込みにくくなる嚥下障害、片側の視野が欠ける視野障害などがあり、これらの症状が重複して現れることもあります。

　言葉が急にもつれるようになったり、片側の手足にしびれを感じたり、どこかいつもと違う意識がはっきりしないような感じがあったら、脳梗塞や脳出血の徴候かもしれないので、できるだけ早く専門医の診察を受けてください。たとえば、血栓が脳の血管に詰まる脳梗塞のうち約5％は、t-PA※という薬を使った治療法がよく効きます。ただしt-PAは発症から3時間以内に開始しなければなりませんので、検査や合併症リスクの検討に要する時間を差し引くと、症状が現れてから1時間半ほどで専門の治療ができる病院に到着していないと受けられないのです。

　脳出血の場合は、まず血圧を下げ、止血剤を投与して病状を安定させます。ここまでが急性期の治療。これを早く開始するほど、後の障害が軽くなります。

● リハビリテーションを続けられる態勢に

　問題はこれらの後、どのようなリハビリテーションを受けられるかです。嚥下障害が残ったり、利き手にマヒが残り自分で食べられない状態になったりすると、多くの

　場合、胃ろうを造設することになりますが、これで栄養はだいじょうぶだからといって食べるためのリハビリテーションをしないでいれば、だんだんと障害は重くなるばかりです。

　一方で、早い段階で専門的なリハビリテーションを集中的に受け、自分の手と口で食べられるようになって、いったん開けた胃ろうをやめることができている人もたくさんいます。急性期の病院から別の病院へ転院するときには、その人に必要なリハビリテーションが、きちんと受けられるところかどうかを確認してから選ぶようにしましょう。

　脳卒中の治療後、自宅に帰る人の割合はだんだんと増え、いまでは54％の患者が家に帰るようになりました。家では、介護保険サービスなどを利用しながら、生活していくことになりますが、ここでもリハビリテーションは大切です。デイケア（通所リハビリテーション）や訪問リハビリテーションを受けられるように、ケアプランを組み立てるといいでしょう。

※血栓自体に作用して血栓を溶かすt-PA製剤を使った治療法。

疾患別対応 ❺

うつ病になったら

● 健康、生活、お金の不安や喪失感が引き金に

　うつ病の患者を世代別にみると、30代の働き盛りと、60代・70代の高齢者にピークがあります。高齢期はうつ病の発症が多い世代であることが知られており、この世代にみられる精神疾患では、認知症に並ぶくらい多いとも推定されています。また、うつ病の一歩手前の心理状態である抑うつ状態が、高齢者の3～4割にみられたという調査結果もあります。

　原因はさまざまですが、家族や親しい友人が亡くなっていくこと、糖尿病や心不全などの慢性の病気、経済的な不安などが引き金になることが多いようです。また、世間では一般に"悠々自適"と肯定的にとらえられるような出来事、たとえば仕事を引退したり、子どもが家庭をもって遠くへ引っ越し、夫婦ふたり世帯に戻ったり、といったことも、発症のきっかけになりやすいと言われています。

　壮年期以降に自殺する人の半数以上が、生前うつ病だったという欧米の統計があります。高齢者ではがんなど死因上位の病気に隠れて目立ちませんが、年齢層別に自殺者数を比べると、60代が最も多いのです。自殺に至らないまでも、うつ病のために家に引きこもり身体を動かす機会が減って、身体の病気が悪化するという悪循環も起こりやすくなります。

● 認知症と間違われやすく発見が難しい

　意欲がわかず以前のように活動できない、眠れない、悲しい気持ちがずっと続いているというような、うつ病の典型的な症状が、高齢者ではあまり強く現れないことがあります。その代わりに、いつも身体のどこかを痛がっている、もの覚えが悪くなったと言う、不安を訴えるなど、主観的な訴えをする傾向があります。あそこが痛い、ここが痛いといろいろな科を受診し、検査してもどこも悪くなかったりするのを不定愁訴と言いますが、その裏にうつ病が隠れていることも少なくありません。

記憶力や集中力、物事を段取りよく進める認知能力の低下は、認知症とうつ病に共通して現れやすい症状であるため、認知症だと思って受診したらうつ病だったということもしばしばあります。認知症とうつ病が合併していることもあり、高齢者の心身のことに精通した医師でないと判別はなかなかむずかしいのが実情です。

　うつ病とわかったら、本人の訴える症状に応じて抗うつ薬、睡眠薬、抗不安薬などの薬を医師の処方どおりに服用します。また、身体の不調が改善されるとうつ状態から回復することも多いので、慢性的に患っている病気があれば、うつ病の治療と並行して治療をすすめます。90代の女性で、白内障の手術を受けてよく見えるようになったことをきっかけに、数年間、悩まされていた抑うつ状態を脱したという例もあります。もう一つ、日々家庭でできることとして、朝早いうちに起き規則正しく食事をとるなど、生活のリズムを整えることも大切です。

　高齢者のうつ病は年単位で長引くことも多いのですが、根気よく働きかけることで改善する例は多く、不活発からくる身体病の悪化を防ぐためにも、家族はあきらめずに対処することが必要です。

疾患別対応 ❻

認知症を発症したら

● 認知症であっても生活は続くということ

　認知症という診断がくだって、ショックを受けない家族はないだろうと思います。まだ中等度くらいまでで、本人にも告知されたのであれば、本人のショックも想像にあまりあります。

　けれどもちょっと思い起こしてみてください。「あれ？　変だな」と思うことがときどきあったとしても、これまでも自分でできることは、自分でやって生活してきたはずです。その生活が"認知症の患者"になったからといって明日から変わるわけではありません。

　家族や本人に理解してほしいのは、診断名がついたからといってレッテル貼りをしないということです。これまでも、そしてこれからも、家族の一員であり、生活者だということをつねに忘れないでください。残された能力を確かめながら、自分の世界で、自分の基準で生きていけるように、医療と介護のチームがサポートしていきます。

● 認知症にはいくつかの種類がある

　認知症は、認知能力がだんだんに衰えていく病気ですが、何が原因で起こるのかによって、いくつかの種類に分かれています。

　最も多いのがアルツハイマー病で、これは脳の中の記憶・判断・段取りなどの能力に関係する部分にアミロイドというたんぱく質が蓄積することで始まり、薬物治療により進行を遅らせることが可能です。

　次に多いのが脳血管性認知症で、これは脳の血管が詰まったり狭まったりして機能障害を起こすものです。脳梗塞や脳血管の狭窄の再発を予防する以外に、まだ有効な治療法は見つかっていません。

　ほかにレビー小体型と呼ばれている認知症は、認知機能障害が現れる点がアルツハイマー病に似ていますが、日中の変動が著しいのが特徴です。また、記憶障害以外に

幻視、錯視、誤認、妄想などが現れるという特徴もあります。

● 記憶障害以外にも多彩な症状が現れる

どのタイプの認知症にも共通するのは記憶障害と認知障害です。認知障害とは、たとえば段取りがうまくできなくなる、自分のいる場所がわからなくなる、時間や季節がわからなくなるといったことを指します。これらの症状は、脳の変性にしたがって起こってくるもので中核症状と言い、残念ながら治療しても進行を止めることはできません。

一方、人によって、出たり出なかったりする症状もあります。たとえば、もの盗られ妄想や徘徊が典型的ですが、無気力になったり、睡眠障害で昼夜逆転したりするのも認知症の人すべてに起こるわけではないのです。これらを周辺症状※と言います。

いっしょに暮らす家族にとって大変なのは、中核症状への対応よりも、むしろ周辺症状への対処であろうと思います。

※BPSD（認知症の行動・心理症状）ともいう。

● 数年から十数年のスパンでゆるやかに経過

比較的、同じような経過をたどり、症例の多いアルツハイマー病でみると、記憶障害を中心とした中核症状がだんだんに進行していく軽度の時期が、だいたい3年くらいあります。適切な治療によって、この時期を少し延ばすことができます。中等度になってくると、徘徊や妄想など周辺症状が出やすくなり、この時期がだいたい5、6年続きます。その後、病前の性格がわからないほど人格が変わり、何も話さなくなり、まったく動かないような状態になると重度に分類されます。食べることもむずかしくなりますが、胃ろうを造設すれば生命は維持できます。

認知症は、それ自体が死亡に至る病因となるわけではなく、進行につれて食べ物を誤嚥（食道でなく気管に入ってしまう

こと）しやすくなり、それで肺炎を起こしたり、長い経過期間のうちに脳や心臓などに重大な病気が生じたり、がんになったりして亡くなることがほとんどです。

◯ 在宅で看る場合

ともに暮らす家族が戸惑うのは、認知症の人の本来の人格がいつまで保たれるのか、実感としてつかみづらいというところにあります。"まだらボケ"という言葉があるように、ときどき認知能力が戻ってハッキリし、家族と会話ができるようなことのあるうちは、家族もまだそれほど不安ではないでしょう。ただ、その頻度はだんだんに間遠になり、ハッキリしている時間も短くなっていきます。

さらに、徘徊や妄想、暴力などが出てくる場合には、家族は「これ以上、自宅で看るのは無理ではないか」と悩むことになります。しかし、周りの人の対応次第で、そのような症状は改善することもわかってきました。認知症の人との接し方の基本は、"本人なりの事実を認めてあげること"です。たとえば、家族から頻繁にダメ出しをされると、本人は自分の気持ちが理解されないことに反発して、イライラし、暴力をふるったりするのです。この時期は、本人も大変ですが、家族も心身両面にわたってストレスがたまりがちです。

地域には、認知症の人とその家族を支えるさまざまなしくみ・サービスがあります (図2-1)。こうしたものを活用して最期まで地域で暮らす人が増えています。

◯ コミュニケーションがとれるうちに、本人と今後のことを話し合っておく

同じ家で過ごし、生活をともにするのなら、本人と今後のことを話し合っておくことも大切です。自分で判断できなくなったときに医療をどうするか、遺産をどうするか、そういったことをただ聞き出すだけでなく、どんなときにどんなふうに感じ、それをどう表現する人なのか、病気の進行をどのように受け止めているのか、改めて向き合ってみましょう。理解し合えれば、最期に本人の意思を確かめようがなくなったときにも、本人の生き方を尊重した判断がしやすくなるのではないかと思います。在宅で看ることのよさは、そのようにして、同じ時間を分かち合えることにあると考えられます。本人は、言葉で表現できなくても心のなかで感じています。

※認知症について詳しくはウィズシリーズ『認知症とともに』（朝日新聞厚生文化事業団編）をご覧ください。

図2-1 ●アルツハイマー型認知症の重症度別日常生活動作の特徴と活用できるサービス例
（ひとり暮らしのケース） ※FAST（Functional Assessment Staging）を改変

重症度		日常生活動作の特徴	活用できるサービス例
MCI※		日常生活は維持されている	
軽度	軽度の認知機能低下	熟練を要する仕事の場面では機能低下が周りの人によって認められる。新しい場所に旅行することは困難	
中度	中等度の認知機能低下	夕食に客を招く段取りをつけたり、家計を管理したり、買い物をしたりする程度の仕事でも支障をきたす	
重度	やや高度の認知機能低下	介助なしでは適切な洋服を選んで着ることができない。入浴させるときにもなんとかだめすかして説得することが必要なこともある	
	高度の認知機能低下	・不適切な着衣 ・入浴に介助を必要とする、入浴をいやがる ・トイレの水を流せなくなる ・尿失禁、便失禁（徘徊や妄想、暴言・暴力が出ることも）	
	非常に高度の認知機能低下	・言語機能の低下（意思の疎通が困難） ・歩行能力の喪失 ・着座能力の喪失 ・笑う能力の喪失 ・昏迷および昏睡	

活用できるサービス例（縦書き項目）：
かかりつけ医／地域包括支援センター／訪問介護、通所介護（デイサービス）、ショートステイ、小規模多機能型居宅介護／見守り配食サービス／訪問診療・往診／緊急通報装置／訪問看護、訪問入浴介護／夜間対応型訪問介護、定期巡回・随時対応型訪問介護看護／グループホーム／介護老人保健施設／介護老人福祉施設／成年後見制度（任意・法定）／ケアマネジャー

※MCI＝軽度認知障害。正常加齢と認知症のグレーゾーンにあたる。認知症の予備軍。

かかりつけ医	60ページ	ショートステイ	46ページ	定期巡回・随時対応型訪問介護看護	89ページ
地域包括支援センター	52ページ	小規模多機能型居宅介護	47ページ	グループホーム	46ページ
ケアマネジャー	52ページ	見守り配食サービス	89ページ	介護老人保健施設・介護老人福祉施設	
訪問介護	45ページ	緊急通報装置	89ページ		47ページ
デイサービス	46ページ	訪問看護	45ページ	成年後見制度	40ページ

疾患別対応 ❼

転倒と骨折

● 原因は身体能力の衰えだけではない

　高齢になると転倒しやすくなり、それに伴って骨折もしやすくなることは比較的よく知られた事実です。ただ、原因となるとどうでしょう？　筋力が衰えるから、関節が動かしにくくなるから、反射神経が悪くなるから、というだけではありません。白内障などがすすんで段差に気づきにくくなったり、視野が狭まっていたり、服用している薬の作用などでふらついたり、脱ぎ履きが楽だからとつっかけやスリッパを愛用していたりなど、さまざまなことが原因になっていることは案外知られていません。

　骨折は転倒の衝撃で起こることが多いのですが、大腿骨ばかりでなく、とっさに手をついたために手首を骨折することもよくあります。80代になると大腿骨頸部骨折が多くなり、手術をしても寝たきりになる例が多くみられます。早期にリハビリを開始し、生活を元に戻す必要があります。手を骨折した場合も日常生活が何かと不自由になります。骨が再生するまでの一時的なことなのですが、高齢者はその間に活動性が低下して、骨折が治った後も元の生活に戻りにくくなる傾向があります。また、一度転倒や骨折をすると、「また転んで骨を折るのではないか……」という恐怖心や不安が強くなり、歩けなくなったり、家の中に引きこもってしまう高齢者も少なくありません。

● 予防のためにできること

　骨粗しょう症があると骨折しやすくなります。女性に多いのですが、男性でもないわけではなく、程度の差はあれ誰でも高齢になれば骨はもろくなってくるので、生活の仕方に工夫が必要です。

　まず原因に応じてチェックをしていきます。いま問題となっているのは低栄養です。食事の内容が乏しく、低アルブミン血症となり、筋肉量が減少。これが転倒の原因となります。

　薬の作用については、薬剤師や医師のチェックが必要です。高齢者は、内科、整形

外科、眼科、皮膚科などいくつものクリニックに通っていることが多く、それぞれで処方されている薬が重複していることに気づかずに飲み続けてしまったりすることがあります。

　転倒を引き起こす危険性のある薬にはさまざまなものがあります。特に入眠剤や精神安定剤は転倒のリスクを高めることで知られています。かかりつけ医に相談し、他科の処方と合わせてチェックしてもらいましょう。また、降圧剤を服用している人によくみられるのが低血圧で、これに伴うめまい、ふらつきなどにも気をつける必要があります。

　高齢者には白内障など視力障害のある人が多く、認知症の早期には錯視、幻視、視空間認知障害があります。そのため、環境調整が必要となります。特に数センチの段差が危険です。また、部屋の明るさや床の色調を調整することも転倒を防ぐのに役立ちます。

COLUMN

頼れる親族がいないとき
──成年後見制度の活用──

　地域包括支援センターでは、頼れる親族がいない人にも利用しやすい成年後見制度の相談に乗ってくれます。

　成年後見制度とは、本人に代わって財産管理や福祉サービスの手続きなどを行なう人をつける制度です。「法定後見制度」と「任意後見制度」の二つがあります。

　成年後見制度が発効すると、家庭裁判所が成年後見人（あるいは保佐人、補助人）を選任し監督します。家庭裁判所はいつでも成年後見人などに報告を求めたり調査をしたりすることができます。しかしながら成年後見人などは、医療に介入することはできません。人生の最期まで見守ってもらうためには、かかりつけ医を探す必要があります。

　また、判断能力は十分にありながら身体に障害を負った場合には、「財産管理等の委任契約書」を作成して、財産管理や公的手続きを代行してもらう方法もあります。地域の社会福祉協議会でも、安否確認などを含む生活支援サービスや、金銭管理サービス、書類の預かりサービスなどを行なっています。

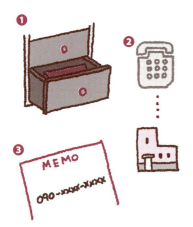

　これらの制度を利用すれば、本人の判断力が低下しても、詐欺の被害や度を越した浪費を防ぐことができます。

　いずれにしても、①重要書類を一つにまとめて保管する、②緊急連絡体制を整えておく（ケアマネジャー、かかりつけ医、成年後見人など）、③緊急連絡先をわかりやすいところに貼っておく、といった準備をしておく必要はあるでしょう。

成年後見制度

 法定後見制度　すでに本人の判断能力に障害がある場合に適用され、家庭裁判所が本人の判断能力の程度に応じて、成年後見人、保佐人、補助人を選任してくれます。

 任意後見制度　本人がまだしっかりしているうちに自分で後見人を決め、将来代行してもらう内容についての契約を結ぶものです。契約を結ぶとすぐに発効するわけではなく、本人の判断能力の低下が認められたときに初めて法的に効力が発します。親族がいない場合は信頼できる友人や専門家（弁護士、司法書士、行政書士、社会福祉士）に頼むことができます。

Part 3

本人が望む場所で暮らすために

人は亡くなる瞬間までこの世界に生き、生活をしています。生の延長線上に死があるのです。あたり前のことのようですが、いざ家族に要介護者が出ると受け入れてくれる施設探しに躍起になるばかりで、意外と本人の「生活」がおざなりになってしまうことがあります。

看取りの場所は生活の場にあります。最期まで安心して生きられる場所はどこなのか。この視点をつねに忘れず、本人とともに考えていきたいものです。

PART 3
CHAPTER 1

安心して最期まで生きられる場所

自宅やなじみのある地域にいたいと願う人は多い

　東京都国立市で行なった調査によれば、在宅医療を受けながら家で最期まで過ごしたいという人が57％と過半数を超えています(図3-1)。そのうち約4割の人が、理由として「完治しない病気なら、先進医療に頼るより、在宅で自分らしく暮らしたい」という選択肢を選びました。以下、「住みなれた家や地域は、心が安まるので」「家族も、在宅で過ごしたいという思いを理解し、協力してくれると思うので」と続きます。このように自宅や、なじみのある地域にいたいと願う人が多いことがわかります。

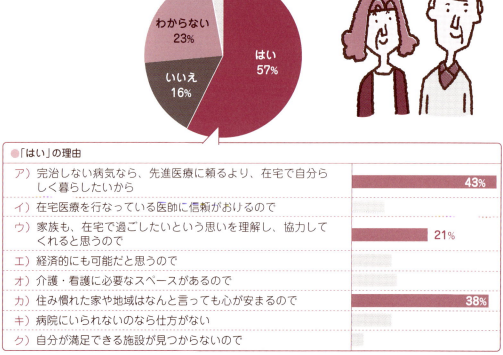

図3-1 ● 在宅医療を受けながら家で過ごしたいと思いますか

未記入 3％
わからない 23％
いいえ 16％
はい 57％

● 「はい」の理由

ア）	完治しない病気なら、先進医療に頼るより、在宅で自分らしく暮らしたいから	43％
イ）	在宅医療を行なっている医師に信頼がおけるので	
ウ）	家族も、在宅で過ごしたいという思いを理解し、協力してくれると思うので	21％
エ）	経済的にも可能だと思うので	
オ）	介護・看護に必要なスペースがあるので	
カ）	住み慣れた家や地域はなんと言っても心が安まるので	38％
キ）	病院にいられないのなら仕方がない	
ク）	自分が満足できる施設が見つからないので	

出所：国立市在宅医療推進連絡協議会 実施アンケート調査報告（2009年）より作成

本人にとって最適な場所を選ぶ

　残された日々を過ごす場所を選ぶときの視点は、本人にとって最適な場所はどこか、ということです。本人がいちばんいいと思う場所を選択して探すことです。たとえば「私の望む居場所は在宅だけれども、認知症が進行してきたときには、自宅のそばのグループホームに移りたい」という具合にです。

　しかし、実際には多くの場合、本人にとって最適な場所ではなく、家族にとって安心できる場所が選ばれているように見受けられます。本人にとって大事なのは、介護の安心よりもこころの安心です。こころの安心が得られる場所とは、本人がありのままでいられる場所のこと。どんなに狭くても古くても、やはりわが家がいちばん安心できるところなのでしょう。ほとんどの患者さんが「家に帰りたい」と言います。

　施設は、自宅よりある意味では安全かもしれませんが、こころの安心を得られないことは多々あります。相性の悪い人と同室になることもあるでしょうし、なにより施設の決まりごとや時間管理などに従わなくてはなりません。大きな環境変化も起こります。それに適応できなければ、行動障害が起こってくることもあります。暮らす場所は本人にとって居心地がよく、人と人がふれあい、生活の匂いのあるところが理想です。

自宅で暮らすときに受けられるサービス

　自宅で暮らしたい場合に、必要な医療や介護はどうするのでしょうか。

　65歳以上の高齢者で介護が必要な人は、介護保険制度のサービスを利用することができます。介護保険が提供するたくさんのサービスのうち、自宅で受けられる代表的なものに「訪問看護」「訪問介護」「居宅療養管理指導」があります。また、通院・入院などでふだん利用している健康保険制度あるいは高齢者医療制度にも、「訪問診療」「往診」という項目があります（次ページ参照）。

　これら医療と介護の両方の制度を組み合わせて、多くの専門職が自宅での暮らしを支えます（50ページ参照）。

自宅にいるのと同じようなサービスを受けられる施設も

　「在宅」というと、自宅をイメージする人が大半だと思いますが、暮らす場所は必ずしも自宅にかぎりません。実態になるべく合うように高齢者のための制度が改善され、いまでは高齢者が共同生活を営むグループホームや、高齢者専用の賃貸住宅などでも、自宅にいるのと同じように訪問看護・介護サービスを受けられるようになりました。看取りまでケアできる態勢も整ってきています。

　「在宅」とは、訪問看護や訪問介護のサービスを受けながら、最期まで「住みなれたまちで暮らすこと」であると定義できるでしょう。

本人の希望が家族の意向と合わないときは

　本人の希望を最大限に実現するのが基本ですから、家族は自宅でと思っていても、本人自身が施設を選ぶということに従う場合もあるでしょう。ただ、家族としてどうしても受け入れがたいような医療の選択を本人がすることがあります。最も悩ましいのが、胃ろうを造ったり、がんの手術を拒否するなど生命にかかわる場面です。そんなときに助けになるのが、ふだんから診てもらっていて本人の医療に対する期待や考え方もよく理解している「かかりつけ医」（60ページ参照）です。

介護保険のサービス

訪問看護

　医師の指示を受けて、訪問看護ステーションから定期的に看護師が自宅に来るサービスです。
　体調の変化を調べたり、薬の使い方を教えたりなど医療資格をもつ人ができることを中心に行ないます。

訪問介護

　ホームヘルパーが定期的に自宅に来るサービスです。
　本人の代わりに買い物、掃除、洗濯などの家事をしたり、食事や排泄、入浴といった身体のケアをします。

居宅療養管理指導

　医師が定期的に自宅に来て診察をします。必要に応じて、歯科医師や管理栄養士、薬剤師、歯科衛生士が訪問することもあります。

その他

　訪問入浴介護、訪問リハビリテーション、通所リハビリテーション（デイケア）などのサービスがあります。

健康保険適用

訪問診療

　上の介護保険サービスの「居宅療養管理指導」と内容は同じです。介護保険の点数が足りない場合に、健康保険制度の「訪問診療」が適用されます。

往診

　体調が急に変化したときなどに、患者や家族の要請に応じて患者宅を訪れ診察することです。
　訪問診療の予定日まで待てない容態のときには往診を依頼することになります。

住みなれたまちの施設

自宅で暮らしながら地域の高齢者施設を利用することもできます。
目的によっていくつか種類があります。

デイサービス

本人がまだもっている能力を維持し、改善していくために、昼間定期的に通う場所です。介護保険制度上は「通所介護」という名前です。「通い」と呼ばれることもあります。

送り迎えも専門のスタッフが行なうので、必ずしも家族が送り出しやお迎えの時間に在宅していなければならないわけではありません。

ショートステイ

短期で宿泊できるサービスです。介護保険では「短期入所生活介護」と言い、「泊まり」と呼ばれることもあります。

ふだん介護にあたっている同居家族が一息つきたいときなどに、要介護の高齢者を預けて利用します。

自宅で暮らす

自宅を出て暮らす

有料老人ホーム

民間の事業所が運営している有料の老人ホームです。入居条件などは各ホームによってかなり異なります。

グループホーム

介護スタッフのもとに一軒家などで、高齢者数人が共同生活を送るところです。介護保険制度上は「認知症対応型共同生活介護」という名前です。できる範囲で各自が食事や排泄など日常のことをし、足りないところをスタッフが補います。残された能力を活用しながら生活を継続していくことは、グループホームの大切な目的の一つです。

地域の施設MAP

小規模多機能型居宅介護

　見知らぬ場所に連れていかれて寝床が用意されているとなると高齢者でなくても不安なものですが、最近はショートステイとデイサービスの両方を提供する小規模多機能型居宅介護というサービスが増えてきました。

　日頃からよく通っているところであれば職員も顔なじみ。お気に入りの施設であれば、ちょっとした小旅行のような気分を味わう利用者もいるようです。

介護老人保健施設

　急病やけがなどで病院に入院したりすると、退院してそのまま自宅に帰るのが不安なことも多いものです。そういう場合には、いったん介護老人保健施設に入ってリハビリテーションを受けることもできます。通称「老健」と呼ばれている施設です。ここも短期入所で利用することができ、その場合は「短期入所療養介護」と言います。

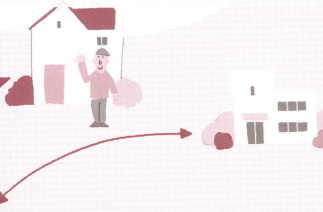

特別養護老人ホーム（介護老人福祉施設）

　通称「特養」と呼ばれる施設で、当初から高齢者の終のすみかとしてつくられました。介護スタッフと看護師が常駐し、嘱託医がついています。現在のところ、介護や看護は各施設のスタッフが行なうことになっており、地域の訪問介護・訪問看護サービス、ショートステイなどは利用できません。

サービス付き高齢者向け住宅

　ひとり暮らしの高齢者をおもな対象とした新しい住宅制度で、通称を「サ高住」と言います。高齢者の生活に適した基準を満たす賃貸の部屋で、食事その他の家事を代行する生活支援サービスなどが提供され、地域で行なわれている定期巡回・随時対応型訪問介護看護サービスを受けることもできます。

住みなれた地域のなかには、自宅を出て最期まで暮らせる場所もあります。

PART 3
CHAPTER 2

どこで、どのように最期を迎えるか

元気なうちから介護や看取りについて話し合っておこう

　残された日々をどこで、どう過ごし、誰に看取ってもらいたいのか。さまざまな選択肢があることを知った上で、自己決定の原則に従い本人の希望を引き出してください。

　本当はどこで、どのような最期を迎えたいと思っているのか、親に面と向かって尋ねるのはなかなか勇気がいるものですが、ふと不安を口にしたタイミングなどをとらえて、質問をしてみてはどうでしょうか。できればまだ元気なうちから介護や看取りを話題にし、よく話し合っておきましょう。

本人の気持ちを知るための質問例

Q 「自分で身の回りのことができなくなったらどうするか、考えてる？」

　子どもと離れて住んでいる場合、いま住んでいる家を離れて、子ども世帯に入りたいと思っているのか、高齢者施設などへ移ろうと考えているのか、それともこの家で暮らしたいのかを確かめます。

　本当は家にいたいという気持ちがありながら、子どもに迷惑をかけてしまうのではないかと施設入所を希望したり、あるいは、自分が子ども世帯と同居したいと言えば、子どもは断れないのではないかと遠慮していたりするかもしれません。

　いまの家を離れると近所の友だちと会えなくなるのが寂しい、子ども世帯に遠慮しながら暮らすのは、気が滅入ると思っているかもしれません。言葉と思いが必ずしも一致するとはかぎらないことを念頭におき、介護保険などを利用しながら、このまま最期まで家で暮らすこともできるといった情報を伝えながら、話しぶりや表情をよく観察して、本当の気持ちをくみとるよう努めましょう。本人の思いが満足できるところはどんなところなのかが大切です。

Q 「いっしょにいてほしいと思う人はいる？」

　夫や妻がまだ存命であったり、同居の子どもがいれば、最期までいっしょに暮らしたいと望んでいるかもしれません。ただ、相手も高齢だと介護の負担をかけるのを恐れて、なかなか言い出せない場合もあります。

　逆に、家族が歩んできたこれまでの歴史から、最期こそ子どもから離れて穏やかに過ごしたいと願う場合もあります。諸事情があるとすれば、子どもをはじめとする身内にしか引き出せない本音に耳を傾けましょう。

Q 「もしもの場合に診てほしい先生はいる？　延命治療をしてほしい？」

　いつも通っている病院があれば、訪問診療が可能なかかりつけ医（60ページ参照）を見つけているか、かかりつけ医と急変時の対応を話したことがあるかどうか、その内容などを確かめます。

　家族が最も判断に困るのが、心肺停止し本人の意識がない状態で電気ショックや人工呼吸器、胃ろうといった延命治療（66ページ参照）をしてもらうかどうかです。また、意識のないまま病状が安定したときに胃ろうを造るかどうかでも多くの家族が悩みます。

　家族に話してもらえなかった場合には、かかりつけ医に聞き出してもらうよう協力を要請してみましょう。

PART 3
CHAPTER 3
さまざまな職種で支える在宅での暮らし

医療と介護を上手に利用しよう

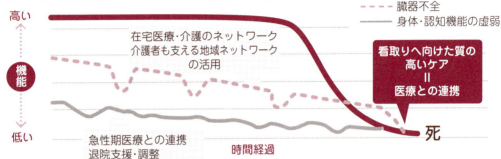

図 3-2 ● 終末期における3通りのおもな機能低下の軌跡

出所：Jaarsma T, et al. Eur J Heart Fail 2009 ; Murray SA, Sheikh BMJ 2008 より新田國夫改変

　在宅で過ごす高齢者の多くが、医療サービスと介護サービスの両方を必要としています。
　医療は、心身の機能の改善・維持をめざして、治療をし、状態をモニタリングします。在宅医療では、診療（歯科も含む）、看護、薬の処方、リハビリテーション、栄養管理などが行なわれます。外科手術はできませんが、いまの在宅医療は技術の発達によって、病院医療と違いがなくなっています。医療を行なうかどうかの判断は、かかりつけ医と病院の医師とで共有します。
　介護は、病気や障害があって思うように自分でできないことを代わりに行ない、生活環境を整えて、身体を清潔に保つための手助けをします。
　医療は高齢者医療制度、介護は介護保険制度と、別々の制度で運用されていますが、それぞれの制度のサービスのなかには、「訪問診療」と「居宅療養管理指導」のようにケアの内容が重なるものもあります。実際、介護保険制度のサービスのうちいくつかは、医療職である医師、歯科医師、看護師、薬剤師、リハビリテーションの各職種がかかわっています。何がどっちのサービスなのか、誰に何を頼めばいいのか、あるいは頼んではいけないのか、戸惑うことがあるかもしれません。そんなときは地域包括支援センター(52ページ参照)に相談してみましょう。

医療と介護一体のチームで生活の基本を支える

　在宅医療も在宅介護も、本人の意思に沿った生活を支えていくためにあります。そのために、医療と介護の専門職が互いの垣根を越えてつながり、一つのチームとなって必要な情報を共有し連携しています。かかわる専門職は利用者ごとに異なりますから、在宅医療・在宅介護のチームも利用者の人数分だけあるわけです。

　たとえば特別養護老人ホームなどの居住型施設に入所すると、スタッフのローテーションや施設基準の限界があり、起床・就寝の時間やお風呂の回数など、いろいろなことが一律に決められてしまいます。在宅なら、自分の本来の生活リズムに合わせて医療と介護のスケジュールを組んだり、自分にとって重要な意味をもつサービスを重点的に受けるといったことも可能です。いわば、オーダーメイドで生活設計ができるのです。

　つまり、在宅で過ごす高齢者の場合、医療・介護チームの中心は、つねにサービスを利用する本人ということになります。介護保険制度はこうした利用者本位の理念にもとづいて創設されました。通常、ケアプランを立てて利用者に合ったサービスを選ぶのはケアマネジャーの役割ですが、これを利用者本人が務めてもいいしくみになっています。

PART 3
CHAPTER 4
暮らしているまちの医療・介護の情報を知る

初めての相談は最寄りの地域包括支援センターへ

　地域包括支援センターは、高齢者の生活を地域ぐるみで支えていくための拠点として、市区町村が運営母体となり全国に設置されているものです。ここには保健師、社会福祉士、経験豊かなケアマネジャー（主任介護支援専門員）が配置されており、公正で中立な立場から高齢者の地域生活への支援が行なわれます。業務の柱は、❶介護や介護予防のケアマネジメント、❷高齢者の権利を守ること、❸地域で提供されているサービスの情報提供やネットワークづくり、❹高齢者の生活に関するあらゆる相談に乗ること、の4つです。

　初めて介護保険を利用するときには、しくみが複雑でどこへ行ったらいいかもわからないかもしれません。そういうときはまず、地域包括支援センターを訪ねてみてください。市区町村の福祉課に尋ねれば、最寄りの地域包括支援センターの場所を教えてくれます。

　地域包括支援センターでは、介護保険のしくみや提供されるサービス、利用方法などについて説明してくれます。また、病院を退院して自宅へ帰る際に初めて訪問介護を利用するというような場合や、入院中に要介護となり、家に戻るときにも、退院後に暮らす予定のエリアにある地域包括支援センターに入院中から相談しておけば、受け入れ態勢を整えておいてもらうことができます。

要介護認定の申請からサービス利用の開始まで

　介護保険で公費負担となる限度額は、その人にどのくらい介護が必要かによって決まっています。これを要支援（2段階）・要介護（5段階）度といい、日常生活上の困難が軽いほうから、要支援1→要支援2→要介護1→……→要介護5の7段階に分かれています。介護保険を利用するためにはまず、要支援1から要介護5のうち、どの段階なのかを客観的にみて決めてもらわなければなりません。これを要介護認定と言います。

　認定を受けたいときに申請する先は、住んでいる市区町村の役所です。「要介護認定・要支援認定申請書」に介護保険被保険者証を添えて提出すると1か月以内に要介護度が決

まるしくみになっています。申請は必ずしも本人や家族が行なう必要はなく、地域包括支援センターや訪問看護ステーションなどに依頼して代行してもらうこともできます。

認定申請が受理されると、本人のいる自宅または病院へ認定調査員が派遣されます。認定調査員は心身の状態や生活上の困難について細かく聞き取り、74項目からなる認定調査票に記入します。それをコンピュータに入力して出した結果が「一次判定」です。並行して市区町村から主治医へ「主治医意見書」の提出を求め、一次判定と合わせて、複数の専門家による介護認定審査会で再検討されて要支援・要介護度が決まります。

認定結果の通知が来たら、ケアマネジャーに要介護度に応じたケアプランを立ててもらいます。ケアプラン実行に必要なヘルパーの派遣事業者や訪問看護ステーションとの連絡・調整もケアマネジャーが行ないます。その後、利用者とサービス事業所が契約を結び、ケアプランにもとづいてサービスの利用を開始します。

次に紹介するのは、老老介護世帯と認知症でひとり暮らしの高齢者の介護保険によるサービス利用例です。

図3-3 ●申請から認定、サービス利用までの流れ

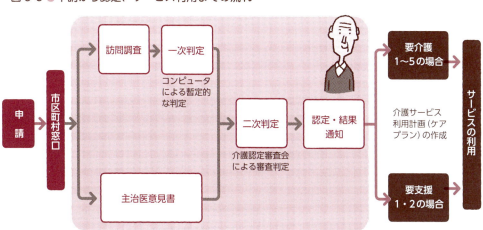

Part3 本人が望む場所で暮らすために 53

モデルケース ❶

不自由な身体で退院、老老介護の生活に

石田さん（本人・76歳）

脳梗塞で救急病院に2か月間入院。その後、専門病院に転院し、集中的なリハビリテーションを受けて退院、自宅に戻った。右半身マヒ、失語、嚥下障害がある。

石田さん（妻・71歳）

夫が入院中に、軽度認知障害（MCI）と診断され、経過観察中。日常生活に支障はないが、要支援1に認定され週1回半日のデイサービスに通っている。

娘（48歳・夫と子）

数年前、徒歩10分の近所に家族で引っ越してきた。夫婦は共働き、子どもは大学生。

● 課題は介護ネットワーク、本人の意欲、家族の介護力

　石田さん（仮名）は、自宅で脳梗塞を起こし救急車で病院に運ばれるまでは、築40年の自宅で妻と2人、つつがなく暮らしていました。それまで高血圧はあったものの、ほかに慢性病はなかったため、まだ介護保険制度を利用したことがありません。リハビリテーション病院の入院期間は最長でも6か月。そのため、転院直後から、退院後の生活をどのようにするか見通しを立てて態勢を整える必要がありました。

　そこでリハビリテーション病院では、退院後の石田さんの生活を支えるための院内カンファレンス（検討会議）を開きました。集まったのは、医師、看護師、ソーシャルワーカー（生活上の困りごとに対して支援を行なう専門職）です。ここでまず、❶地域の介護ネットワークとのつながりがない、❷石田さんの意欲が減退している、❸

家族の介護力が十分でない、という3つの課題があがりました。

課題❶については、石田さん夫婦の希望を聞き取りつつ、訪問看護・訪問介護事業所との連携をとってすすめることになり、入院中に要介護認定を受けられる見通しが立ちました。また、担当医やリハビリテーションのスタッフと石田さんが話し合い、自分で食事がとれるようになること、自分でトイレまで移動ができるようになること、この2つを退院までの目標にすることになりました。

課題❸の家族の介護力では、石田さんの入院でストレスがかかったためか、同居の妻にもの忘れの症状がみられるようになっていたことが、懸念材料の一つでした。近くに娘の家族が住んでいるとはいえ、それぞれの社会生活を介護のために中断するようなことになってしまっては、介護される側の石田さんも精神的に萎縮してしまいます。胃ろうを造設しないで在宅に戻るためには、自分で必要十分な食事がとれるようにならなければならない、と石田さん自身がよく理解し、リハビリテーションへの強い動機が生まれました。こうして目標をもち、退院後の生活を具体的にイメージすることで、持ち前の頑張りが発揮されるようになり、課題❷の意欲の問題も解決しました。

◯ 家族それぞれにとって無理のない生活を

入院中に地域包括支援センターに相談をして介護認定を申請し、石田さんは要介護4、妻は要支援1と認定されました。ケアマネジャーの提案で、入院中に住宅改修に着手。玄関スロープと、廊下やトイレの手すりをつけました。工事日の立ち会いには娘家族も協力。介護用のベッドなども入れ、準備万端整えて、退院してきた石田さんを迎え入れました。

現在、石田さんの1週間のスケジュールは次ページ表3-1のようになっています。リハビリテーションのためにデイケア（通所リハビリテーション）に、週2回通っています。またこのほかに、訪問診療が月に2回あり、さらに2か月に1回は歯科の訪問を受けています。いまのところ、室内のポータブルトイレを自分

で使うことができるのですが、夜間は眠気で間に合わないことを不安がって、夜だけおむつの使用を石田さん自身が希望しました。それで夜間に1回だけ定期巡回・随時対応型訪問介護看護サービス（89ページ参照）を入れています。また、1、2か月おきに数日間のショートステイも取り入れています。

　入院中は石田さんの妻は病院と家を往復して着替えの洗濯などをしなければならず、移動や家事の負担でストレスが重なっていましたが、退院後は家事援助を入れたことで負担が軽くなりました。同時に、妻も週に1回、半日だけデイサービスに通うようになりました。石田さんがデイケア、デイサービスに通う日は一人分だけ配食サービスを受けるなどして、かかりつけ医を定期的に受診する余裕ももてるようになりました。近くに住む娘の家族はそれぞれ、平日の夕飯時や週末にちょっとずつ石田さん宅に寄っては、頼まれた用事をしてあげるなどして、できる範囲での支援をしています。

表3-1 ●石田さんの1週間のスケジュール

	月	火	水	木	金	土	日
午前	身体介護→デイケア	家事援助	身体介護→デイサービス	家事援助	身体介護→デイケア	家事援助	
午後				訪問リハビリテーション			
深夜	定期巡回	定期巡回	定期巡回	定期巡回	定期巡回	定期巡回	定期巡回

表 3-2 ●石田さん夫婦のある日の様子

		石田さん	石田さんの妻
朝	8:00	ヘルパーが来る →デイサービスAに行くしたく（身体介護：起床、洗顔、排泄、食事、歯磨き、着替えの介助）	起床 朝食を自分でしたくして食べた後、玄関の掃除や庭の植木の水やり
	9:00	デイサービスAから送迎車が来る／ヘルパー帰る	かかりつけ医に通院
	9:30	デイサービスAに到着 →散歩など	
	11:30		配食サービスが来る
昼	12:00	介助してもらいながら、昼食	昼食
	13:00	身体計測の後、介助してもらいながら入浴	デイサービスBから送迎車が来る
	13:30		デイサービスBに到着 →ボランティアの絵手紙講師によるプログラムを行なう
	15:00	ティータイム →庭で見かけた季節の花をスタッフといっしょに図鑑で調べるなど	ティータイム
	15:30		カラオケを楽しむ
	16:30	デイサービスAの車に乗る	デイサービスBの送迎車に乗る
	17:00頃	帰宅	帰宅
夜	18:00	娘が会社帰りに寄って夕飯のしたく	
	18:30	夕食	
	20:00	就寝のしたく →妻に介助してもらいながら、服薬、歯磨き、洗顔、着替えなど	石田さんの寝じたくを手伝った後は、本を読んだりテレビを見たり自由に過ごす
	21:00	就寝	入浴
	22:00		就寝
	2:00	訪問看護師とヘルパー到着 →おむつ交換（定期巡回・随時対応型訪問介護看護）	
	2:15	訪問看護師とヘルパー帰る	
		就寝	

モデルケース❷

認知症で要介護度3 ひとり暮らし

島田さん（本人・80歳） 5年前に夫を亡くしてから自宅でひとり暮らし。その頃からもの忘れが始まり、現在は買い物、着替え、掃除などが自分一人ではできない。要介護度3で、家事援助などのサービスを受けている。

娘（52歳・夫と子2人） 外国人の夫とヨーロッパで暮らしている。子ども2人は社会人と大学生でいずれも家にはいないが、仕事をもっているため帰国は年に数週間しかできない状況。

● ケアプランのポイントは毎日の見守り

島田さんは、できるだけ長く自宅で暮らすことを希望しています。けれども一人娘は海外在住で、そう簡単には帰国できません。そこで毎日なんらかのかたちで見守りができるように、ケアプランが立てられました (表3-3)。

ふだん利用しているのは介護保険の身体介護とデイサービス、それから家事援助。そして自治体が行なっている高齢者・障害のある人向けの配食サービスです。デイサービスに行く日には、そこで食事ができますが、それ以外の日は昼は配食サービスの弁当、夜は家事援助のヘルパーがつくり置きしてくれた惣菜を自分で食べます。操作を誤って火事を出さないようにガスは止めてあるので、温めはレンジで行ないます。

島田さんはだんだん季節の寒暖に合わせて衣服を選ぶことが困難になってきたため、午前中の家事援助は、まず起床後の着替えから。午後の家事援助のときは掃除、洗濯などがひととおり終わった後に、冷蔵庫の中身を確認していっしょに買い物に行ってもらっています。

● ケアマネジャーとの連絡はインターネット電話で

　娘さんからは週に2回ほど、寝るしたくに入るくらいの時間帯に島田さんのもとへ電話が入ります。島田さんに新しいメディアの操作法を覚えてもらうことはもう難しいので、本人と娘さんの直接の電話はふつうの電話機で国際電話で行なっています。

　体調をくずして医者にかかるときなどのケアマネジャーとの連絡は、無料で利用できるインターネット電話やメールを使っています。

　また成年後見人を指定し、介護や医療、金銭の手続きを代行してもらっていますが、月に1回の成年後見人から娘さんへの報告もインターネット電話が利用されています。介護度の変更や見守り態勢の変更が検討される場合は、適宜、電話会議が開かれます。その際には、成年後見人に加えてケアマネジャーが参加し、必要に応じてかかりつけ医も参加します。

　今後、地域の介護サービスだけでは日常生活を送れなくなった場合には、グループホームへの入所なども視野に入れて考えることになっています。

表 3-3 ●島田さんの1週間のスケジュール

	月	火	水	木	金	土	日
午　前	身体介護→デイサービス	家事援助	配食サービス家事援助	身体介護→デイサービス	家事援助		
午　後		配食サービス			配食サービス	配食サービス	配食サービス

表 3-4 ●島田さんのある火曜日の様子

朝	9:00	ヘルパーが来る→着替え、掃除、洗濯、夕飯のつくり置き
	11:00	ヘルパー帰る
昼	12:30	配食サービス→昼の弁当を受け取り、自分で食べる
	14:00頃	お昼寝
	16:00	近所の人が見守りがてらいっしょにお茶を飲む
	17:30	近所の人が帰るときに夕飯のお膳を並べていってくれた
晩	18:00	テレビを見ながら夕飯を食べる
	20:00頃	娘から国際電話があり、少し話す
	21:00頃	就寝

PART 3
CHAPTER 5

「かかりつけ医」のススメ

かかりつけ医は患者の人生にも向き合う

　かかりつけ医とは、それぞれの地域で診療をしていて、内科、外科などの専門にこだわらずさまざまな病気やけがを診ることができ、必要に応じて専門医への紹介もし、療養のための環境づくりにも手を貸してくれるような医師を指します。高齢者だけでなく、ときにはその家族も診ることができます。

　健康は人のこころの状態や家庭環境、それから仕事などの社会的な活動にも大きな影響を与えます。したがってかかりつけ医は、患者やその家族の人生とも向き合いながら、幅広い視野をもって診療にあたります。

高齢者の在宅生活に対してかかりつけ医ができること

　65歳以上の高齢になると、大半の人が複数の慢性病をもっています。内科、眼科、整形外科、皮膚科……と、いくつもの診療科を別々に受診している高齢者がほとんどですが、かかりつけ医をもてば病気のうち約75％はカバーできるようになります。

　高齢者の在宅生活を視野に入れるなら、訪問診療は欠かせません。訪問診療はもちろん、かかりつけ医が対応します。生活の場を訪問することで、その患者にとって何が必要なのかをいっしょに考え、介護スタッフとも協力しながら暮らしの場でのQOL（生活の質）向上をめざした支援をすることもできます。

　看取りを含めた終末期医療への対応もします。がんなどの疼痛（痛み）を緩和する医療も行ないますし、摂食・嚥下への対応、リハビリテーション、認知症への対応なども守備範囲です。

　日常の場での診療を継続しながら、かかり

　つけ医は本人の考えや価値観を理解し、信頼関係を築いていきます。最期の時に延命治療をしてほしいかどうかなど、家族とはかえって話しにくいような事柄も、日頃から信頼しているかかりつけ医には語っておきたいという高齢者もいます。
　家族にとっても、大切な家族の人生のしめくくりに際しての不安な時期を、ともに考え、いろいろな解決策を示し寄り添ってくれる頼りになる存在です。家族ぐるみで信頼関係ができていれば、本人が家族には語りたがらないことを、かかりつけ医に代わりに尋ねてもらうこともできるようになります。

かかりつけ医を見つけよう

　国は、高齢者の在宅生活を支える要として、かかりつけ医の養成を視野に入れ、制度を整えようとしています。地域での訪問医療の実習は、医師の資格を取得したばかりの研修医の必修に組み込まれるところも出てきました。
　かかりつけ医が在宅で診る患者の多くが、現代の医療では治らない病気をもっていることから、治すことをゴールとしてきた医療とはまったく別の視点で診療にあたる必要があります。いかにして終末期までの生活の質を保つか、という視点です。いま行なわれている医学部教育のなかで、こうした視点の転換を図るのはなかなか容易なことではありません。根本のカリキュラムから構築する必要があるのです。
　こうした事情でまだまだ数の少ないかかりつけ医を探すには、情報収集力が決め手となります。ケアマネジャーに情報を求めるのもいいですし、終末期の在宅医療に熱心に取り組んでいる医師はいないか、地域包括支援センターに相談してみてもいいでしょう。また、近所で在宅の看取りを経験した家族があれば、どのような態勢で臨んだかを教えてもらうといいかもしれません。できれば、終末期に入ってから慌てて探すのではなく、健康なうちから予防接種や健診、風邪を引いたときなどにも診てもらいながら病歴を知ってもらい、関係を築いていくのが理想です。

PART 3
CHAPTER 6

高齢者の緩和ケア

緩和ケアとは「生活の質」と「人生の質」を高めること

　「緩和ケア」というと、治療が難しくなった末期がん患者の痛みをやわらげる医療をイメージする人が多いかもしれません。しかし近年、緩和ケアについての考え方は大きく変わってきています。WHO（世界保健機構）は、2002年に緩和ケアを次のように定義しています。

　「生命を脅かす疾患による問題に直面している患者とその家族に対して、疾患の早期より痛み、身体的問題、心理社会的問題、スピリチュアルな問題に関して、適切な評価を行ない、それらの問題が障害とならないように予防することや、治療をすることで、QOL（生活の質）を改善するためのアプローチである」

　さらに、❶生命（生きること）を尊重し、死ぬことをごく自然な過程であると認める、❷死を早めたり、引き延ばしたりしない、❸最期まで患者が人生を積極的に生きていけるように支える、❹患者と患者の家族を対象とし、チームで支える、❺QOL（生活の質、人生の質）を大切にする、❻病気の早い段階から取り組む、と書かれています。

　これは、高齢者在宅医療がめざすものとも合致します。つまり、生きるための医療は行なうけれども、死を引き延ばすためだけの延命操作はしないこと、「生きる」ということに対しては、あくまで生活の質と人生の質を大切にすること、障害をもっていても、その人の意思と生きているという証とを大切にすること、です。

　緩和ケアとは、こうした視点に立って、高齢者のさまざまな痛み（心理社会的問題やスピリチュアルな問題を含む）に対処する医療なのです。

腰痛など、身体の痛みの緩和

　緩和ケアが必要なのは、がんだけではありません。腰痛は、多くの高齢者が抱える痛みです。たとえば脊柱管狭窄症は、外傷だけでなく加齢によっても起こる病気で、痛みの

　ために歩けなくなることもあります。痛み止めを適切に使っても、なかなかスッキリとはとれません。ひどい場合は手術になりますが、これもうまくいかないことは多く、慢性疼痛障害を起こします。すると、痛いので動かなくなります。だんだんうつ状態になって、痛いのでさらに動かなくなっていくのです。これを「痛みの悪性サイクル」と呼びます。「痛みの悪性サイクル」に入ってしまうと、途中で薬が効いているにもかかわらず、痛み止めは効かないと思い込み、自覚症状が改善されにくくなります。

　これを緩和するには、本人が楽しいと思うことができるように環境を変えることです。そうすると、たいてい3か月ほどで痛みはとれます。

　下肢マヒを起こして痛みで動けなくなった人が、1年近くたって動けるようになり、痛みもなくなったという事例があります。その裏には家族の根気強いケアがありました。もちろん治療中には鎮痛薬なども使い、リハビリテーションも行ないましたが、なによりも家族が本人に寄り添う精神的ケアが効いたのでしょう。

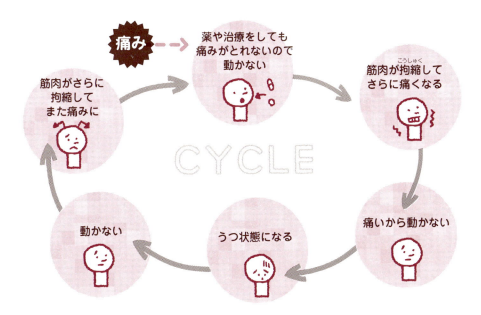

つらい精神状態の緩和

うつや不安などつらい精神状態にも、これをやわらげるケアが必要になることが多いものです。身体の自由が利かなくなってくると、誰でも不安を感じます。寝たきりになったりすると、本当につらく、うつ状態になることもあります。

いちばんの対処法は、自宅にこもらないで外に出るようにすることです。デイサービスに行くのでも、車いすでの散歩でもかまいません。本人が出たがらなくても、根気よく働きかけることが大切です。

外に出るためには、車いすを使うにしても1時間くらいの間は座った姿勢（座位）でいられなければなりません。そこで、最初は1時間の座位を目標にします。それができるようになったらチャンスです。外へ連れ出しましょう。楽しいことがわかれば出るようになります。本人に寄り添いながら働きかけることが大事です。

身体の痛みは薬で90％以上とれる

がんの緩和ケアでは、痛み止めに医療用麻薬などを用います。使う薬は病院でも在宅でも同じですが、在宅療養中の患者にも使いやすい薬が開発されています。

がんなどの痛みを抑える医療用麻薬をオピオイドと言います。どのように処方すればどんな作用があるかという研究がすすんでおり、心配はいりません。痛みが出てきた最初の段階では非オピオイド系の鎮痛剤を使い、痛みが強くなったら量を増やしたり、オピオイド系の薬を追加したりなどして、痛みのコントロールをする方法が国際的に認められています。

がん末期に現れることがある全身のどうしようもないだるさや息苦しさも、オピオイドの一種であるモルヒネやその他の薬を適切に使用すれば、取り除くことができます。病院に入院していても、家で療養していても、同じように対処することは可能です。

「4つの苦痛」

　闘病を見守る家族の多くが、本人が苦しまないようにと望みます。しかし、重い病気にかかった人が感じるのは、身体的な苦痛だけにとどまりません。

　家族と永遠に別れることになる悲しみ、病気のために仕事などの社会的な活動にかかわれなくなる寂しさ、経済的な不安、自らの人生や存在そのものに対する煩悶など、患者にはさまざまな苦痛が重くのしかかっています。

　緩和ケアの専門家はこれらを、身体的苦痛、精神的苦痛、社会的苦痛、霊的（スピリチュアルな）苦痛とし、「4つの苦痛」と呼んでいます。

家での生活が引き出してくれる大切なもの

　残念ながらいまの医学で4つの苦痛のすべてに対応することは困難で、身体が感じる苦痛以外のものを医療者が取り除くのは難しいというのが実情です。なかには、訪問看護師がていねいに聞き取りをすることでこころを開いていく患者もいます。話して吐き出すことで楽になるのです。

　でも、やはり家にいるということの意味は大きいものです。生活の音や匂い、自分が手入れしてきた植木が窓から見えて花が咲き散っていく……。そういうことで人は落ち着くのです。この世界から離れることを寂しいと思わなくなるわけではないでしょう。けれども自宅での生活には、自分が生きていることを喜べるような何かを見出し、生きる意欲を引き出す力があるのではないでしょうか。

PART 3
CHAPTER 7

延命治療とは

┃「延命治療」は「無駄な処置」なの？

　昨今、延命治療という単語に、よく「単なる」「無駄な」という修飾語がつくようになりました。ただ「延命治療」と言っただけで、「無駄な処置」という意味を含んでいると受け止める人も多いようです。そして、その延命治療の代表のように思われているのが、胃ろうや人工呼吸器でしょう。高齢になってからの人工透析導入もそのうちの一つです。

　しかし、医療の観点からみると、すべての胃ろう、すべての人工呼吸器が無駄なわけではありません。

　胃ろうは、おもに口から物を食べられなくなった人に施される医療で、胃に穴を開けそこへ外からチューブを通して栄養剤を送るという方法です。同じように腸に穴を開ける栄養法を腸ろうと言います。食べられないということは、身体活動を維持する栄養がとれないということであり、その状態が続けば死に至ります。いわゆる餓死です。それでいいのかどうか、本人の意思が不明な場合に、選択を求められる家族はよく考えてみなければなりません。

　人工呼吸器もそうです。呼吸に障害が現れ、悪化していくのを放置すれば死に至ります。低酸素による死です。また、透析が必要な患者にそれを行なわなければ、体液のバランスがくずれてやはり死に至ります。これらはどれも、医師なら誰でも予測できる死です。

┃ 延命なのか、救命なのか

　このように、一般に「延命治療」と言われていることのなかには、生命を救うために必要な処置もあります。同じ処置でも、患者の状態や病気の進行の仕方によって、これらの処置を「単なる延命」とみるか、あるいは「救命」とみるかの判断は分かれます。つまり一つひとつのケースについて個別に、もっとていねいに検討しなければいけない問題なのです。高齢だからと一概に年齢だけで決められるものでもありません。

●やっていい胃ろう

　胃ろう造設について「単なる延命処置」というイメージを強くもっている家族が多いように思います。ここでは、やっていい胃ろうの例をあげますので、検討する際にはぜひ参考にしてください。

- 脳梗塞(のうこうそく)や脳出血などで嚥下(えんげ)障害が起こったものの、リハビリテーションで改善する可能性が見込まれるケース
- 神経難病などで嚥下障害はあるが、はっきりとした意識があり、本人の判断力も十分にあって、生きる意欲を示しているケース
- 口腔がんなどがあり、口からまた食べられるようになる見込みはなくても、余命が月単位で見込めるケース

　ポイントは、本人の生きる意思がはっきりあることです。胃ろうの選択に至った病気の種類によっては、障害が改善されたときに胃ろうをやめて、再び口から食べるようになることをめざします。

　同じ経管栄養でも、鎖骨の下などから点滴のようにして栄養剤を注入する中心静脈栄養は、血管に感染が起こりやすいため、長くても数週間しか続けられません。予測できる余命期間によって、胃ろうか中心静脈栄養かを選ぶということもあります。

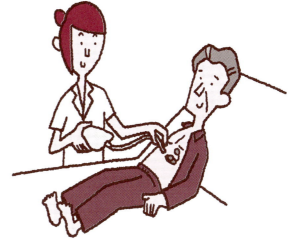

COLUMN

病院では死ねない・死なない時代

　日本では、1970年代半ばに病院で死亡する人の数が家で亡くなる人を上回って以来、ほぼ一貫して病院死が増え続けてきました（図3-5）。けれども今後、死亡数が増加し、これからは病院では死ねない・死なない時代がきます。長期の入院ができた療養型のベッドも近いうちに廃止されることになっています。

　病院は救命救急や急性期、手術、先進医療、専門医療を担う施設となり、地域で訪問診療を行なう医師があらゆる疾患を診て、必要に応じて病院と連携をとります。あるいは、急性期病院から慢性期病院に移行し、その後、在宅医療となるケースも増えてくるでしょう。いまはまだ過渡期であり、在宅医療と病院との連携がうまく機能しているとは言いがたい面もあります。

　たとえば、最期は自宅で迎えたいと望み、ずっと在宅で療養してきたのに、自然な死への過程で、急に呼吸が浅くなったのを見て家族が動揺し、思わず救急車を呼んでしまった、というようなことがしばしば起こります。瀕死の患者は病院の救命救急室に運ばれ、次々と医療的処置を施されて、本人と家族が望んでいた静かな死とはかけ離れた事態に陥ります。

　もちろん病院での治療が必要な場合もあります。見極めは在宅医療を行なうかかりつけの医師がしますが、見守る家族にも、病院で行なう医療と在宅医療の役割の違いをぜひ知っておいてほしいと思います。

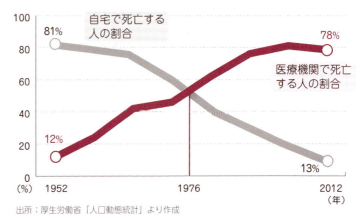

図3-5 ●医療機関および自宅で死亡する推移

出所：厚生労働省「人口動態統計」より作成

Part 4

Q&A
エンディングに向かう生活

どんなに一生懸命に病気の情報を集め、医療・介護の制度を調べても、実際に在宅で療養を始めてみないとわからないことはたくさんあります。ここでは、よくある質問から考えてみましょう。

PART 4
Question & Answer

Q1

介護をする自信がありません。家族がやらなければいけませんか？

Answer

病状が変化したときに持ち上がる不安

　本人はできれば自宅でこのまま暮らしたいと望んでおり、同居の家族も、本人が望むようにしてあげたいという気持ちがありながら、「でもやっぱり施設へ……」という話が持ち上がることがあります。

　病状が変化し、自分で排泄に立てなくなったときや、認知症が重度化したときが節目になりがちです。

　悪化する場合ばかりではありません。骨折などで入院していたけれども回復して、そろそろ退院できそうというときにもよく、「高齢者施設に入ってもらうしかないのでしょうか？」という相談があります。

　たとえば、おむつ交換が必要となったとき、家族のみなさんは「怖くてできません」と言います。「汚い」「臭い」はもちろん、「怖い」という気持ちが先に立つこともあるようです。骨粗しょう症で、これまで何度も骨折を繰り返してきた高齢者のお尻を、介護

などやったこともない自分が持ち上げたら、途端にまた骨が折れてしまうのではないか、と想像してしまうのでしょう。

不安が募ると、施設なら専門の訓練を受けた人がやってくれるのだから安心だと考えがちです。そうした不安がわいてくるのは、やったことがないからです。もっと言えば、できなくてもいいということを知らないからです。

自宅にいても専門家のケアは受けられる

自宅でも、訪問ヘルパーや訪問看護師といった専門家が来て、おむつ交換をしてくれます。訪問介護や訪問看護の制度は、家族ができなくてもだいじょうぶなようにつくられています。

また、夫婦双方の親が次々と要介護になるといった事態もあり得ますが、その場合にも、必ずしも家族がケアしなくてもよいのだということを知っていれば、慌てずにすみます。

とはいえ、すっかり他人に任せておける家族もなかなかいません。少しでも力になりたいと思うものなのですね。その場合は、ヘルパーや看護師に教えてもらいながらいっしょにやるという方法もあります。必ず、だんだん上手になります。

それともう一つ、こころに留めておいてほしいのが、全部できなくてもいいということです。

娘や嫁に下の世話だけはやらせたくない、やってほしくない、と思っている高齢者は実際たくさんいます。恥ずかしい、忍びない、申し訳ないなどなど、こころのなかにいろいろな気持ちが渦巻いているのに、「いいから任せて！」と言われてしまったら、もしかするとかえってつらいかもしれません。

家族には、家族にしかできない大切な役割があります。お互いの人生をよく知る者としてそばにいて、その話に耳を傾けることです。そのようにしてともに過ごす時間のなかで、温かな感情を通わせ、笑いや涙を共有することは、どんな専門家にも決して代わりはできません。ですから、離れて暮らす家族も、介護休暇をとるなどして、こころで寄り添うことで、家族としての役割を果たすことは十分可能ですし、それはとても大切なことです。

PART 4
Question & Answer

Q2 病院のような機器を置くスペースがないと自宅療養は無理ですか?

Answer

8畳もあれば集中治療室並みの装備を整えられる

　自宅療養で特別な機器が必要な医療の例として、点滴、胃ろう、酸素、痰の吸引、人工呼吸器などがあります。さらに、上半身や下半身を持ち上げることのできるベッド、血圧や酸素飽和度などをモニターするパルスオキシメーター、ポータブル便器、車いす、消毒物品、患者の身体を動かすときに使うマットやグローブ、食事をベッド上でするならオーバーテーブルなど、健康なときの日常生活の場にはない物が、いろいろと必要になることがあります。

　場合によっては、電気の容量を変更したり、コンセントの工事もしなければならないことがあるかもしれませんが、部屋の広さが問題になることはあまりありません。

　神経難病で何年間も自宅で療養しているある患者さんは、点滴、胃ろう、人工呼吸器、吸引器といっ

た具合に病院の集中治療室並みのフルセットを8畳の部屋に備えています。それでもベッドと医療機器しかないような部屋ではありません。ちゃんとテレビもありますし、介助者がくつろげるソファだって置いてあります。

　在宅で使う医療機器は、狭いスペースにも置けるようコンパクトに設計してあります。また、医療の専門家でなくても操作できるように、表示もわかりやすくなっています。

介護保険制度などの利用で自己負担を少なく

　自宅療養で使う医療機器や介護用品の多くは、健康保険制度や介護保険制度を利用して自己負担額を抑えることができます。重度障害者や難病患者を対象とし

た助成金制度などもあるので、医師、看護師、またはケアマネジャーにどんな制度が利用できそうか、尋ねてみるといいでしょう。

　また、公的な制度の適用がない機器でも、レンタルサービスの専門会社が提供していることがあります。それも、ケアマネジャーや訪問看護・訪問介護ステーションなどに聞けば、教えてくれるはずです。

　ここでは介護保険制度で利用できるおもな物を紹介します (表4-1)。介護用品はレンタルできる物（指定福祉用具）と、衛生上の理由で購入しなければならない物（特定福祉用具）とがあります。いずれも介護保険制度に規定された物であれば、自己負担額1割で利用できます（2015年度から高所得層は2割）。

表4-1 ●介護保険制度が利用できる用具

	レンタルできる物（指定福祉用具）	購入する物（特定福祉用具）
内　容	療養用のベッド、車いす、歩行器、補助杖、マットなどの褥瘡予防用具等	腰掛け便座、特殊尿器、入浴補助用品（入浴用のいす、浴槽内のいす、浴室内のすのこ）、簡易浴槽等
自己負担例	介護保険適用範囲でレンタル料金の9割が支給されます。〔例〕 ●介護用ベッド：月額25,000円（うち自己負担額2,500円） ●車いす：月額6,000円（うち自己負担額600円） ●歩行器：月額3,000円（うち自己負担額300円）	年間10万円までは購入金額の9割が支給されます。〔例〕 ●ポータブル便器：25,000円（うち自己負担額2,500円） ●入浴用いす　12,000円（うち自己負担額1,200円） ●簡易浴槽　45,000円（うち自己負担額4,500円）

（2014年12月現在）

PART 4
Question & Answer

Q3 古い家なのでバリアフリーになっていませんが、自宅療養はできますか？

Answer

少し手を加えれば
自分のペースで生活できるように

　病院から退院する段になると、急に気になり始めるのが自宅での療養環境です。

　病院や高齢者施設なら、部屋の中や廊下、トイレ、風呂などあらゆるところに手すりがあたり前についていますが、自宅にはふつうありません。

　歩行器を使いたくても、廊下の幅が狭かったり、部屋と廊下の境に1〜2cmの段差があったりで無理なことが多く、そもそも、玄関にスロープがなくて人に抱えてもらわないと家の中に入れないということも決してめずらしくありません。

　そのままだと、たとえば手すりがあれば歩けるという人でも、ベッドからトイレまでの移動が自力でできないため部屋にポータブル便器を置くことになります。結果、歩くことがほとんどなくなり、さらに筋力が衰えてしまうようなことも起こりえます。

せっかく家に帰るのですから、ゆっくり自分のペースで生活ができるように、少し家に手を加えることを検討してみましょう。要介護認定を受けた人の療養・介護のために自宅のリニューアルが必要な場合は、介護保険で住宅改修サービスを利用することができます。

介護保険の住宅改修サービスのしくみ

住宅改修で介護保険給付の対象となるのは、手すりの取りつけ、段差の解消、すべり防止や移動をスムーズにするための床や通路の材料の変更、引き戸への扉の取り替え、和式便器から洋式便器への取り替えです。

どのような改修が必要か、ケアマネジャーなどに相談し、事前に理由書を提出することになっています。給付限度額は20万円で、仮にトイレの改修で限度額いっぱいの20万円を払ったとすると、工事完了の写真などを添えて申請した後に18万円が返ってきます。

便器変更と手すり取りつけを行なう際に、どうせだったらと壁紙も張り替えたというような場合は、壁紙の分については保険給付の対象になりません。ただし、手すり取りつけのために壁の補強が必要だったという場合は、その補強工事については給付されます。

また、いったん改修をしても、しばらく暮らすうちに身体の状態が悪化して、さらに改修が必要になることがあります。たとえば家の中を車いすで移動するようになると、トイレの扉が開き戸のままでは中に入れません。これを引き戸に取り替えたいという場合、介護保険制度では、要介護度が上がると新たに住宅改修の給付限度額20万円が担保されるしくみになっています。

図4-1 ● 住宅改修の流れ

① ケアマネジャーに相談
② 理由書を作成・市町村の介護保険課に提出
③ 業者に見積もり依頼・施工前写真撮影
④ 住宅改修費の事前申請
⑤ 申請の承認
⑥ 業者と契約・施工
⑦ 施工確認・写真撮影・業者へ支払い
⑧ 領収書・内訳書等を介護保険課に提出
⑨ 介護保険から給付される分が要介護者本人の口座に償還

出所：杉並区保健福祉部介護保険課「介護保険　住宅改修の手引」（平成23年12月第6刷）より作成

PART 4
Question & Answer

Q4

訪問介護や訪問看護は誰に頼めばいいのでしょうか？

Answer

役所の介護保険窓口か地域包括支援センターへ

　ヘルパーは指定居宅サービス事業者から、訪問看護師は訪問看護ステーションから派遣されて自宅へ来ます。これらを利用したいとき、それぞれの事業所へ出向いて行って「身体の具合が悪いのでちょっと来てください」と依頼すればいいのでしょうか？もちろん、本人や家族が直接頼んでもいいのですが、事業所の人からはおそらく、まず市区町村の役所で介護保険の担当に相談するか、主治医に尋ねてみてくださいと言われるでしょう。

　要介護認定の申請が受理され、認定調査を受け主治医の意見書と合わせて要介護度が決定しないと、介護保険が利用できないからです。主治医が特に決まっていない場合は、役所の介護保険の窓口で指定された医師を受診します。

　また、地域住民の介護予防支援や介護保険に関す

る相談業務などを行なっている地域包括支援センターに行けば、介護認定の申請手続きからケアマネジメントまでひと続きに受け持ってもらうことも可能です。

退院カンファレンスで医療面の引き継ぎ

けがや病気で入院したのがきっかけで、日常の生活に介護が必要になることがあります。機能回復の見通しや退院の時期がある程度わかってきたら、自宅に帰ってからの介護態勢をどうするか、具体的に決めていかなければなりません。

病院によっては医療ソーシャルワーカー（MSW）を置いて、退院後の生活についての相談に応じています。なお、MSWがいない病院でも、病棟の看護師に聞けば入院中に介護認定の申請をするやり方などを教えてもらえます。

自宅に帰ってからの受け入れ態勢がだいたい整うと、病院側スタッフ（主治医、病棟看護師、MSWなど）、自宅側スタッフ（主治医、訪問看護師、ケアマネジャーなど）、それに患者本人や家族を集めて、退院カンファレンスが開かれるはずです。ここではおもに、病院側から自宅側スタッフに対して、これまでの経過や治療上の注意といった医療面の引き継ぎが行なわれますが、家族もわからないことや不安なことがあれば相談するといいでしょう。

ただし、病院スタッフは患者の生活実態を知りません。たとえば、病院ではベッドから下りることができずにおむつをつけていた患者が、家でなら這うなどしながらでもトイレまで自力で移動できる、あるいは部屋にポータブル便器を置いておけば自分で排泄できる、というような場合もあります。多少の危険は伴いますが、そうして動くことがリハビリテーションにもつながるわけです。

また、病院で経管栄養を1日3回やっていたとしても、家では実現困難な場合があります。1日2回にしても、体調に変化はないか、しっかりアセスメント（本人のニーズ、課題を明らかにするための手続き）をしながら見守っていくのが在宅医療を担う主治医や看護師の役割です。

PART 4
Question & Answer

Q5 離れて暮らしていると親の認知症に気づかないかも……？

Answer

**認知症があっても意外と
ひとり暮らしを継続できる**

　ひとり暮らしの親と電話やメールで連絡を取り合い、いつも様子を気にかけている家族は多いと思います。ただ、どんなに頻繁にやりとりをしていても、認知症の初期症状はなかなか気づきにくいものです。心配なのは、認知症のために生命にかかわるような危険な状況を招くことがあるのではないか、あるいは、近所の人たちに迷惑をかけてしまうのではないかということではないでしょうか。

　しかし、認知症でありながらひとり暮らしを続ける高齢者はたくさんいます。意外と一人でやっていけるものなのです。離れて住む家族が不安になるのは、何ができて何ができないのか、できないことをどう支援していったらいいのかが、わからないからではないでしょうか。

　認知症の初期にはまず、記憶力が低下したり、物

事の段取りがうまくできなくなったりします。そのことに本人も多少不便を感じつつ、自分なりの工夫をしながら暮らしています。

たとえば買い物でお釣りの計算がおぼつかなくなったら、とりあえず、財布の中のお札を出して、店の人がお釣りをくれるのを待つ、と決めている人もいます。

トイレ、洗面、着替えがうまくできないときがあっても、生命に別状はないばかりか、ひとり暮らしであれば誰に迷惑をかけることもありません。

長年、台所をあずかってきた女性のなかには、家の中でトイレに行くのに迷子になるほど認知症が進んでも、いったん包丁を持つと上手にりんごの皮をむくことだってできる人も多くいます。

周囲の人と連絡を取り合い、安全に暮らせる環境をつくる

認知症が発覚するきっかけとして多いのは、ちょっとしたトラブルで異変に気づいた近所の人からの連絡です。異変といっても、家賃を払ったことを忘れて何度も払いに行くというようなことがほとんどで、深刻なトラブルはあまり起こりません。

まだ身体は元気で、もの忘れが目立つようになった状態であり、認知症の程度でいえば中等度まで進行した状態です。

しかし最近は、認知症についての関心が高まり、もっと前の段階で医療機関を受診する人も増えました。かかりつけ医が離れて住む家族に知らせることもあります。

慌てて施設を探したり、引き取る準備をすすめたりする家族がいますが、まず本人がどうしたいかを確かめてください。「危ないから」「近所迷惑だから」「人聞きが悪いから」というのはおもに見守る側の理由です。本人が心細く感じていて、グループホームや子どもの家に移りたいということもありますが、なかにはこのまま一人でやっていきたいと思っている人もいます。

もし「このまま一人で」となったら、安全に生活するための対策を立てて環境を整えます。こちらの連絡先を伝えていつでも連絡が取れるようにしておきたいのが、主治医やケアマネジャー、それから隣近所の人たちと地元の警察です。

家の中のことでは、火事を出さないようにガスを止めたり、その代わりに電子レンジや電気ポットなどをそろえたり、燃えにくいカーペットやカーテンに変えたりといった工夫もできます。

金銭や薬の管理については、進行の度合いに合わせて、医師やケアマネジャーなどと相談しながら役割分担を決めていくのがいいでしょう。

PART4 Q&A エンディングに向かう生活

PART 4
Question & Answer

Q6 認知症なのに一人で外出してしまうのは、止めたほうがいいのでしょうか？

Answer

GPSで居場所がわかれば心配事も減る

　近所を何時間も歩き回ったり、電車を何回も乗り換えて2時間以上もかかる町まで行ってしまったり、徘徊（はいかい）もいろいろなタイプがあります。いずれにしても、見守る側にとっては交通事故や迷子、徘徊中の無銭飲食など心配なことがいろいろあり、しばしば問題行動の一つとして悩みの種になります。

　出かけようとするのを無理やり部屋へ押し戻したり、玄関を厳重に施錠して家から出られないようにすれば家族の心配事は減るかもしれません。しかし認知症患者にも独立した人格があり、それは尊重されなければいけませんから、強制的に押さえつけるのは問題です。

　最善の対処法は、誰かがいっしょについて行くことです。ただ現実問題としてそのためだけに24時間見張っているわけにはいきませんし、ひとり暮らし

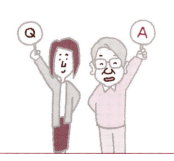

や老老介護の家庭だとそもそもついて行ける人がいません。そこで次善策として、たとえ出かけて行ってしまっても居場所がわからなくならないように、GPSを持たせるという方法があります。

携帯電話会社や警備会社などが、さまざまなサービスを展開しており、なかには要請すると現地へ人を急行させてくれるサービスもあります。

数年単位で続くことも視野に入れて対策を

徘徊は認知症の人みんながするわけではありませんが、する人は毎日のようにします。「あてなく歩き回っているように見えるが何かしら目的がある、その目的を探り出し解決すれば徘徊もおさまる」というようなアドバイスを見聞きすることがありますが、必ずしも目的があって徘徊する人ばかりではないようです。ですから、何がしたいのかを本人に問いただしてもあまり意味がないこともあります。

それより何より、本人も家族もいちばん困るのは、家に帰ってこられなくなってしまうことです。見当識障害といって、なじみの場所が見知らぬところのように見えて混乱したり、途中の道順や目印を忘れてしまうために起こります。そんなとき、あらかじめ衣服や持ち物に連絡先を縫いつけておけば、異変に気づいた人が対処しやすくなります。地元の警察にも知らせておきましょう。

徘徊しなくなるのは、認知症がだんだん重くなり、歩き回りたいという衝動そのものがなくなるときか、足腰が弱って歩けなくなるときです。したがってその場しのぎではなく、もしかすると数年間続くかもしれないことを前提に対策を立てる必要があります。

COLUMN　　**高齢者を狙う詐欺の被害を防ぐには？**

子や孫との連絡方法や、まとまったお金を動かすときのルールを、家族みんなで決めておきましょう。家族が遠くに住んでいる場合には、認知症の人に成年後見人（40ページ参照）をつけ預貯金の管理を任せることで、被害を防ぐことができます。

振り込め詐欺（さぎ）は経済的な損失ばかりでなく、騙（だま）されてしまった高齢者の心にも大きなダメージを残します。もし万が一、被害にあったら、決して本人を責めないでください。悪いのは騙したほうなのです。

PART 4
Question & Answer

Q7 誤嚥を防ぐことはできますか？

Answer

誤嚥の原因をすっかり取り除くのは難しい

　飲んだり食べたりしたものが、気管に入ってしまうことを誤嚥と言います。通常は食道から胃へ運ばれ消化されていくのですが、気管に入ると咳の反射が起きてむせたり、肺に入って炎症を起こしたりします。高齢者が肺炎になる原因の多くが、この誤嚥にあるとみられています。

　したがって高齢者の誤嚥を防ぐことは、死に直結しやすい窒息を予防するためばかりでなく、いまの健康状態を悪化させないためにも重要です。

　口の中で食べ物を小さく噛み砕いて（咀嚼）、喉へ送り食道へ運ぶ（嚥下）ためには、歯・脳神経・喉の筋肉など、いくつもの器官が協調して機能する必要がありますが、加齢とともにこれらの機能は誰でも低下し、誤嚥を起こしやすくなります。

　たとえば歯が抜けていると噛めなくなり、かたまりを飲み下せずに喉を詰まらせてしまうこと（嚥下

障害）があります。嚥下障害を引き起こす原因には、ほかに舌の運動機能の低下、唾液分泌量の減少、口内の感覚の鈍化、喉仏（のどぼとけ）の位置の変化、喉の入り口で気道や食道を開け閉めする筋肉の機能低下などがあります。

脳血管疾患や認知症で神経や筋肉が機能しなくなり、障害をきたすこともあります。高齢者の場合、いくつもの原因が重複していることも多く、また加齢に伴う生理的変化を元に戻すのは難しいことから、誤嚥を完全に防ぐのは難しいこともあります。

食事の工夫と口腔ケアで リスクを減らす

とはいえ、誤嚥のリスクをなるべく減らすことはできます。

食事中にむせやすくなったら、食事を工夫します。食べ物や飲み物にとろみをつけるなどして、飲み下しやすくし、食事中はベッドを上げる（ギャッチアップ）などして上体を少し起こし誤嚥を防ぎます。

調理法や介助法については、看護師、管理栄養士、介護スタッフに尋ねてみてもいいですし、不安だったら食事のときに必ずプロが入るようにケアプログラムを組んでもらうのがよいでしょう。

食後は、口の中に食べ物のかすが残らないよう、口腔ケアを行ないます。かすが残っていると、肺炎を起こしやすくなるからです。歯磨きの介助ができないときには、お茶で口をすすぐだけでもだいぶ違います。

口腔ケアは、誤嚥の心配がそれほどない人や、総入れ歯にしている人にも必要です。2～3か月に1回ぐらいの頻度で歯科衛生士の訪問指導を受けることができれば理想的です。

誤嚥性肺炎は繰り返しやすいため、胃に穴を開け（胃ろう）管を通して、栄養剤を注入する方法をとることもあります。ただしその場合でも、唾液や胃液の逆流による誤嚥が起こることはあります。

図4-2 ●飲食物と空気の通る道

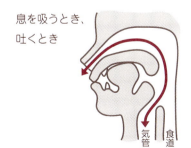
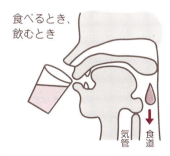

出所：新田國夫・戸原玄・矢澤正人『食べることの意味を問い直す』クリエイツかもがわ（2014）

PART 4
Question & Answer

Q8 「口から食べられなくなったら終わり」ですか？

Answer

肝心なのは食べられなくなった理由

　本当に生命が終わりかどうかは、食べられなくなった理由によります。たとえば発熱があっても食べられないし、うつ病でも食欲がなくなります。脳卒中でマヒが残って、手がうまく使えない、嚥下がうまくできないといったこともあります。

　原因となっている病気が治ってまた食べられるようになったり、リハビリテーションによって少しずつ食べるための機能を取り戻すこともあります。

　「どんな治療をしても無駄」「もう死を待つばかり」というような意味で、「食べられなくなったら終わり」と安易に言う人がいますが、いつでも誰にでも当てはまる公式ではありません。簡単に結論づけず、一人ひとりを個別に、ていねいに診察してくれる医師の判断が大切です。

ときにはチューブから栄養をとることも必要

栄養や呼吸を助けるためのチューブをつけることを「スパゲッティ症候群」と呼ぶ人がいます。また、「チューブをつけてまで生きていたくない」「自然な身体のままで死にたい」と言う高齢者もたくさんいます。胃ろうを造設する高齢者が増えていることが社会問題化しているのも、経管栄養は人工的で不自然と考える人が多いためと考えられます。

けれども、いずれまた自分の口で食べられるかもしれないなら、どうでしょう？　高齢になると代謝が低下し必要とされる栄養量は減りますが、だとしても、何もとれなければ、ただただ衰弱して死

んでしまいます。いわば餓死です。

チューブにつながれるといっても、それは食事をとる間だけで1日に2、3回のこと。意識が保たれ、回復の望みのある人に経管栄養を用いることは治療の一環であると言えます。

最も重要なのは本人の意思です。「つらそうで見ていられない」「介護がしんどい」という家族の思いが優先されるようなことがあってはなりません。

認知症が重症化し本人の意思確認ができない場合、非常に難しい判断となりますが、家族だけで決断せず、何が問題なのかを介護や医療のチームと共有し、納得できるまで考え抜いてください。介護・医療のサポートを得られれば、家族の負担は心身ともに軽減されるはずです。

PART4 Q&A エンディングに向かう生活

COLUMN 　　**しきりに「死にたい」と言うのですが……**

口癖のように「早く死にたい」と言う高齢者から、「次の検査はいつ？」なんて質問もされます。生きたいのだけれども、生きていても面白くないような感じがあって「死にたい」と言うのでしょう。90歳も過ぎると、夫（または妻）も同世代の友だちもだんだんいなくなってしまいます。本当に一人になってしまったという孤独感。その寂しさを世代の違う家族が埋めようとしても無理です。まずは手をとって、うなずいてあげてください。「そんなこと言わずにまだまだ長生きしなきゃ」などと慌てて

打ち消さずに、聴く姿勢を示します。

長生きならではのつらさは、想像できてもとうてい「わかる」とは言えません。でもそばにいてあげることはできますね。「死にたい」と言う人は少し抑うつ傾向がありますから、デイケアに誘ってもなかなか出ていくことができません。でも、毎日訪ねてきてくれる人がいれば、とてもうれしいのです。電話でもいいのです。誰かがいつも自分のことを気にしていてくれるということが伝われば、気持ちが落ち着きます。

PART 4
Question & Answer

Q9 本人の意思がわからないときはどうしたらいいですか?

Answer

ふだんからの言動を手がかりに類推する

　終末期に近づいてくると、生死を左右するような重大な意思決定を要する場面が次々と現れます。どうするかを自分で決めるためには、意識がはっきりしていて、判断力もあり、なんらかの方法で思いを人に伝えられる状態でなければなりませんが、最期までその状態を保てることはそんなに多くありません。そうなると、家族などの身近な人に決定が委ねられることになります。

　コミュニケーションがとりづらくなる前に家族での話し合いがされておらず、どんな場合にどうしたいかを本人から聞けていないケースでは、エンディングノート（97ページ参照）や日記などが書き残されていないか、ふだんの生活のなかで闘病や死をテーマにしたテレビドラマや映画を観たり、死に関する本を読んだり、有名人の死が話題にのぼったりした際

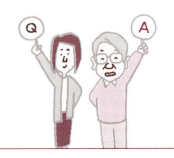

にどんなことを言っていたかなどを思い出しながら、意思を類推してもらうしかありません。

医療や介護のスタッフは、家族に必要な情報を示すことで重い決断を側面からサポートしてくれるでしょう。

早くから繰り返し語り合うことが大切

大切なのは、早めの時期から何度も本人と家族で話し合うことです。一度聞いたからもういいということではありません。人の心は移りゆき、医療の技術も進歩します。身体の状態が変化するにつれて考えが変わることもよくあります。何年も前に話していたことを頼りにせず、折りにふれて繰り返し話し合いましょう。そうすることで、本人が死に対して抱いている不安や恐怖をやわらげることもできます。愛情で結ばれた人々に自分の死について語ることは、本人にとっても一種のグリーフケアになるのではないかと思います。葬儀や墓、家督や財産のことなどもあわせていろいろ話し合い、心残りの少ない最期にしたいものです。

施設入所の際などに記入する事前指示書は、呼吸、摂食、苦痛の緩和など終末期医療を選択するようになっていますが、それはかかわるスタッフがたくさんいて、誰にでもわかる記録を残しておかないと対応にバラつきが出てしまうからなのです。在宅療養の場合には、必ずしも書いて残しておく必要はありません。

COLUMN　急いで医師や看護師に連絡をしなければいけない症状

心臓や脳にトラブルが起こると生命に直結することがあるのは高齢者も同じです。

まず、心臓に重大な異変が起きた場合の症状として典型的なのが、強い胸痛や、胸をしめつけられるような感じ（絞扼感）ですが、高齢者は神経障害などのために痛みとして感じないこともあります。胸のあたりに何か変な感じがある（不穏感）と訴えたら、連絡してください。

脳の急病の徴候としては意識障害があります。呼びかけても返事がない、食事の最中に突然、寝入ってしまうなど、いつもと違う様子がみられたら連絡しましょう。

また、急な強い腹痛は緊急手術が必要な病気の可能性もあるので、すぐ連絡してください。吐いたときも同様です。

発熱は、中耳炎などの軽い病気でも起こりますが、だからといって放っておいていいわけではありません。逆に、高齢者は肺炎やインフルエンザになっても高熱が出ないこともあります。季節や時間帯ごとに体温を把握するよう努め、0.5度以上ふだんと異なるようなら連絡します。

PART 4
Question & Answer

Q10

ひとり暮らしの親が心配。毎日、誰かが訪れるような態勢を組めますか？

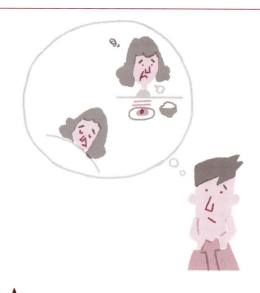

Answer

本人の自立度や経済力なども検討して

　遠く離れて暮らす親のことは気になるものです。まして、ひとり暮らしとなると、病気になって寝込んでいないだろうか、ちゃんと食べているだろうかと、心配はつきません。ひとり暮らしの高齢の親を見守るサービスを考えるとき、大きく分けて次のようなものがあります。

❶介護保険制度によるサービス
❷自治体が行なっているサービス
❸NPOやボランティアが行なうサービス
❹民間サービス

　これらのサービスをうまく組み合わせれば、ほぼ毎日、見守る態勢ができるでしょう。ただし、身の回りのことがどの程度できるかなどの自立度や、経済力などによって、サービスの内容や程度は違ってきます。また、知らない人が家に来るのはいやだという高齢者もいますから、本人とよく話し合い、その意思を尊重し選択することが大切です。

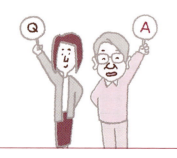

24時間対応も可能な「定期巡回・随時対応型訪問介護看護サービス」

　介護保険制度にもとづくサービスは、申請後、認定を受け、それぞれの区分に応じた内容のサービスが提供されます（37・52ページ参照）。介護に加え医療も必要となると、ヘルパーと訪問看護師で1週間のスケジュールを組むといいでしょう。

　特に、2014年から始まった「定期巡回・随時対応型訪問介護看護サービス」は、❶日中・夜間を通して、❷訪問介護と訪問看護の両方を、❸定期巡回と随時の両方で対応し、高齢者の在宅生活を支援するというものです。

　これらは、親が暮らす地域の地域包括支援センターや、担当のケアマネジャーに相談してみましょう。

　自治体が行なっている見守り配食サービスを利用するのもいいでしょう。昼食や夕食を届ける際に安否を確認し、健康状態に異常があったときには関係機関に連絡してくれます。

ほとんどの自治体にある「緊急通報システム」

　ひとり暮らしで怖いのは、事故や病気で、誰かに急いで知らせたいのに連絡できない、ということです。このような事態を防ぐため、ほとんどの自治体で「緊急通報システム」を導入しています。これは、緊急時に本人が通報ボタンを押せば、近隣の地域協力員や関連施設などに連絡し、必要に応じて駆けつけてくれるというものです。自治体の場合は無料か、有料でも低額です。

　また、「定期巡回・随時対応型訪問介護看護サービス」でも、24時間いつでも対応可能です。現状ではまだ広がりをみせていませんが、今後、在宅重視の流れのなかで必要なサービスです。

　民間も、警備会社などが緊急通報システムを扱っています。民間サービスには、防災や火災などにも対応し、緊急の場合は警備員が派遣されたり、入浴中のトラブルにも応える安全対策システムなど、さまざまなサービスがあります。ただし、民間は全額自己負担となります。

コンビニや生協、新聞配達や宅配便も「見守りネットワーク」

　「見守りネットワーク」を展開する自治体も増えてきています。地域の民生委員やボランティア、社会福祉協議会の職員などだけでなく、商店街やコンビニ、スーパー、生協などが商品配達の際に、また、新聞配達店や宅配便などで、配達の際に安否確認してくれるところもあります。

PART 4
Question & Answer

Q11 在宅療養はどのくらいお金がかかりますか？

Answer

おもな公的制度は介護保険と高齢者医療制度

　高齢者の在宅療養にかかるお金は、医療機関に支払うもの、薬局に支払うもの、介護事業者に支払うものに分かれます。医療機関や薬局に支払う分は高齢者医療制度で、介護事業者に支払う分は介護保険制度でカバーされており、自己負担は少なくすむしくみになっています。

　高齢者医療制度では70〜75歳の人の自己負担額は実費の1〜2割です（現役並みの収入がある人は3割）。2014年4月からの法改定で、2014年4月1日までに70歳になっていた人は1割、それ以降、70歳になる人は2割となりました。

　介護保険制度は、支援の必要性が7段階に分けて認定されますが、段階ごとに介護保険が適用される限度額が決まっています。いずれの段階でも限度内であれば自己負担額は1割です（2015年度から高所得層は2割）。限度額を超えて利用すると、超過分

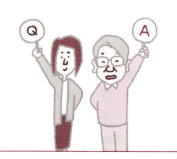

については全額自己負担になります。段階ごとの目安は表4-2のとおりですが、人件費等の高い地域では、国が定めたレートに従って割増計算されます。

在宅療養ではふつう、医療と介護の両方の制度を利用することになります。訪問看護は両方どちらの制度でも利用できるのですが、がん末期の場合は医療保険で、それ以外は介護保険の利用限度額を超えないかぎり、介護保険での利用が優先されます。

健康保険（高齢者医療制度を含む）・介護保険には1か月間に支払った自己負担が高額になると後から戻ってくるしくみがあります。高額療養費の適用があらかじめ見込まれるときは、事前に申請し認定されると払い戻しを待たずに限度額だけの支払いですみます。

また、高齢者医療制度と介護保険制度の両方を足したときに一定額を超えると超過分が払い戻される高額医療・高額介護合算制度もあります。

したがって、在宅療養で公的制度の限度額内のサービスですめば、薬代や衛生用品代なども含め、最高でも月7万円ほどに収まることになります。施設に入ると最低でも7万円からということを考えれば、在宅のほうが安くすむ場合が多いと言えます。ただし、本人の身体の調子や家族の状況などによって、自己負担でサービスを追加しなければならないケースも多いのが現状です。

民間の生命保険にはさまざまな医療特約がついていることがあります。がんなら告知されたときに一時金が出るものや、最近では在宅療養中の保障プランも販売されています。若い頃から掛けている生命保険があれば、保障内容をよく確かめてみたほうがいいでしょう。

がん末期で最も高負担になるのは最後の2週間

がんの一般的な経過をたどってみましょう。だいたいの人が、亡くなる2週間前くらいまでは週2回の訪問看護と週に1回の訪問診療、それに週3回程度の訪問介護を受ければ、ひとり暮らしでも

表4-2 ●介護保険：在宅サービスの利用限度額（1か月あたり）

介護度	利用限度額	自己負担額
要支援1	50,030円	5,003円
要支援2	104,730円	10,473円
要介護1	166,920円	16,692円
要介護2	196,160円	19,616円
要介護3	269,310円	26,931円
要介護4	308,060円	30,806円
要介護5	360,650円	36,065円

出所：出版健康保険組合「在宅サービス」の利用限度額・自己負担額より作成（2014年6月現在）

家で療養を続けられます。これにベッドなどの介護用品のレンタル代が月割でかかったとすると、表4-3のようになります。

最後の2週間は、全身倦怠感が強くなりベッドから起き上がれなくなってきます。刻々と変化する身体の状態を毎日しっかり見極めると同時に、排泄や食事などでは、それまで以上に手厚いケアが必要になるので、この時期は結果的に医療職が毎日入ることになるケースがほとんどです。

苦痛緩和のための薬が増えたり、ケアのための備品や衛生用品を急に購入する必要が出てきたりもするので、余裕をもって見積もっておきたいところです。

表4-3 ● がん末期の人の在宅療養にかかる費用例

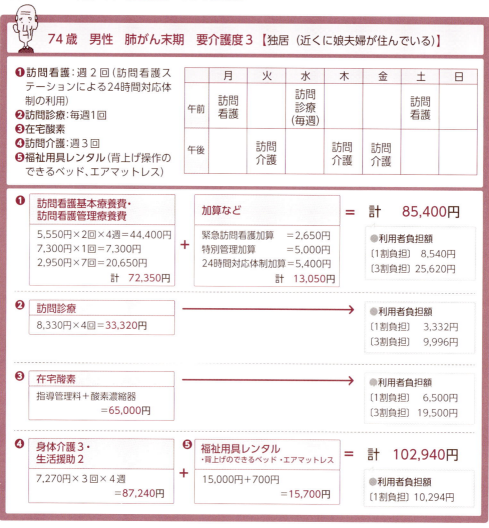

(2014年6月現在)

Part 5

家族で見守る穏やかな最期

長く、ともに暮らした家族とも、いつかは別れの日が訪れます。最期の日々を少しでも心残りなく過ごせるように、家族にできることを考えてみましょう。病状の変化やこころの動揺の起こりやすい時期ですが、在宅でも、これまでサポートしてくれていた医療・介護のスタッフの手を借りながら、家族が寄り添って見送ることができます。

PART 5
CHAPTER 1

死が近づく終末期

死が近づくと、どんな状態になるのか

　死が近づく時期を終末期（ターミナル）と言います。終末期の経過は病気の状態や経過などによりそれぞれ異なりますが、一般的に、がん患者は少しずつ弱っていくものの、亡くなる数日前まで比較的大きな変化もなく、その人らしい生活を続けることが少なくありません。がん患者の場合、あとで家族から、こんなに死が近いとは思っていなかったという声を聞くことがあります。

　一方、高齢者で、認知症であったり、老衰というような場合は、死に向かいゆっくり進行することが多くみられます。そのため、家族も徐々に別れのときが近づいていることを理解しやすく、こころの準備もしやすいようです。

　心臓病や肺炎などの病気を抱えている人は、症状悪化を何度か繰り返しながら徐々に身体が弱っていき、症状が急変し亡くなることがあります。

図5-1 ● 終末期の経過

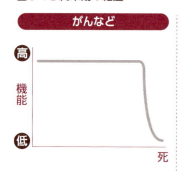
がんなど
比較的長い間、機能が保たれ、最期の2か月～2週間くらいで急速に機能が低下する。

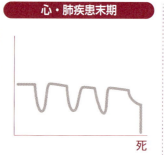
心・肺疾患末期
症状悪化を繰り返しながら、徐々に機能が低下し、最期に比較的急な進行がみられる。

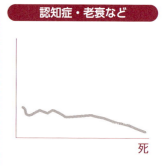
認知症・老衰など
機能が低下した状態が長く続き、ゆっくりとさらに衰えていく。

出典：Lynn J. Serving patients who may die soon and their families JAMA 285, 2001

　いろいろ、経過や症状は違うものの、次のような症状がみられたら、そろそろ臨終が近いと考えられます。

- 名前を呼んでも反応しない。●昏睡状態が続いている。●血圧が下がった状態が続く。
- 手足が冷たくなる。●痰がからむようになる。●尿の量が極端に減る。
- 意味不明のことを言ったりする。●呼吸が細く不規則になったり、10～30秒程度で止まる。

家族がこの時期、心がけたいこと

　まだ意識があるうちに、本人が会いたいと言っている人に連絡を取り、会う機会をつくります。あくまで、体調のよいときを選んで、無理をしないようにします。

　また、身体を清潔に保っておくことが大切です。清拭によって血流もよくなりますし、なにより本人が気持ちよくなります。寝ている時間が長くなるので、褥瘡（床ずれ）がないかなど、清拭を行ないながら身体の状態に気をつけてあげます。

　意識が低下していくと、意味不明のことを言ったり、唸り声をあげたり、何かを払いのけるような動きをすることがみられます。苦しがっているのではないかと思うかもしれませんが、意識はなく、生理的な反応であることが多いので、患者の一挙手一投足を気にやむことはありません。

　家族も、絶えず見守っていなければいけないということはなく、できるだけいつもの生活を送るよう心がけます。看護する家族が疲れ切ってダウンするようなことになってはいけません。

　ただ、最期の時というのは突然訪れるものだ、ということは理解しておきましょう。夜、寝ている間や、ちょっと出かけている間に亡くなることは少なくありません。医師も臨終がそろそろ近いとは言えても、いつとは言い切れませんし、特に、がん以外の病気では、最期の時がいつか、わからない場合も結構あります。たとえ、最期の一瞬に立ち会えなくても、本人の希望どおり、最期まで在宅で過ごすことができたのは、家族の支えがあったからこそ。本人も、そのことを喜びつつ往生したと理解しましょう。

Part5　家族で見守る穏やかな最期　95

PART 5
CHAPTER 2
最期の瞬間を
迎える

亡くなるときの身体の変化

　いよいよ臨終が近くなると、呼吸に変化が現れます。肺はふくらんでいないけれども、下顎がしゃくるような動き方をする呼吸をします。これを下顎呼吸と言います。下顎呼吸になったら、死は近いと言えます。しばらく様子をみていて呼吸が止まったら、かかりつけ医に連絡しますが、心配なときは、下顎呼吸がみられ出した段階で連絡してかまいません。

　呼吸が止まると、胸や顎の動きも止まります。呼吸が止まっていることを確認したら、その時間をメモしておくといいでしょう。あとで医師に報告します。

　医師が来ると、聴診器で心臓の音を聞き、脈をとり、瞳孔を見て、死亡を確認します。

救急車を呼ぶのは、ちょっと待って

　呼吸に変化が現れると気が動転してしまうのか、家族が救急車を呼ぶことがあります。しかし、救急車を呼んでしまうと、本人が望んでいた「自宅で迎える穏やかな最期」は難しくなる可能性が高まります。

　というのも、救急車は生命を救うため、あらゆる処置を行なうからです。それが救急車の任務ですから、心肺蘇生を行ない、搬送先の病院でも輸液や人工呼吸など、あらゆる手を尽くして生命を救おうとします。その結果、本人が望まなかった、病院で管につながれた状態での最期を迎えることにもなりかねません。

　救急車が来たとき、心肺蘇生をしても呼吸が戻らなかった場合は、警察に連絡して検死を行なうことがあります。そうなると変死扱いになるため、その場にいた人は全員、事情聴取を受けることになります。また、病院に到着したときすでに死亡していると、その病院で死亡診断書を出すことはできません。死亡前24時間以内に診察していない患者に関しては、死亡診断書を交付できないと法律（医師法第20条）で決められているからです。そこで、病院では遺体を検案し変死でないかどうか調べ、死体検案書を作成しな

ければなりません。しかし、継続して診ているかかりつけ医ならば、死亡前24時間以内に診察していなくても死亡診断書を出すことができます。このようなことから、かかりつけ医をもつことをおすすめするのです。

　最期をどう迎えたいかについて、きちんと本人の意思を確かめておきましょう。もし、呼吸に変化が現れたり止まってしまったときは、まずはかかりつけ医や訪問看護ステーションなどに連絡することです。

COLUMN　　エンディングノート

　これまでの自分を振り返り、最期をどのように迎えたいかを記しておくノートです。希望する介護や医療、特に終末期はどこで、どのような医療を受けたいか、受けたくないか、葬儀はどういう規模・内容で行なうか、などについて記します。

　家族にも伝えておくと、さまざまなシーンで本人の意思を尊重する対応をとることができ、とても役立ちます。法的な拘束力はありませんが、自分の意思を表す術として有効な方法です。

PART 5
CHAPTER 3
呼吸が止まってから 家族がやっておきたいこと

家族もいっしょに行なうエンゼルケア

亡くなった後の遺体のケアをエンゼルケアと呼んでいます。医師による死亡確認の後、まずは看護師が死後のケアを行ないます。直後は、寝具が濡れていたり、汚れていることもあるので、寝具を取り替えるほか、酸素や胃チューブ、バルーンなどのチューブなどを装着していた場合は取り外します。

故人の目や口を閉じ、顎の下にタオルなどをたたんで当てておきます。これは、口が開いたまま硬直しないための処置です。さらに、ベッド周りの医療機器などを片づけた後、身内だけでお別れをする時間を取ります。そのため、後ほど改めてエンゼルケアに看護師が来る旨を告げ、医療者はいったん引き揚げることが多いようです。

家族や親しい人たちが、故人とお別れする時間をもつことはとても大切です。亡くなった後すぐに葬儀業者に連絡すると、その時間もないまま早く来てしまうことが懸念されます。できればエンゼルケアがすんでから連絡するか、連絡しても来てもらうのはしばらくしてからにしてほしいことを伝えるといいでしょう。

看護師が来るまでに、故人の着替えの服や、湯灌や清拭のためのお湯、タオルなどを用意しておきます。看護師はエンゼルセット（脱脂綿、割り箸、カミソリ、ガーゼ、白布、包帯など）を持ってきますので、それらを用いて遺体を清拭します。体液や排出物などが出ないよう、鼻などに脱脂綿を詰めることもあります。

きれいにしたら、服を着せます。事前に旅立ちの衣装は何がいいかを故人に聞いておくといいでしょう。用意した服があれば、死後硬直が始まる前のこの時期に着せておきます。特に指定したものがなければ、浴衣などに着替えさせます。死化粧は、男性はひげを剃り、女性は薄化粧をして髪も整えます。爪を切ってあげることもあります。このような一連の死後のケアを家族もいっしょに行なうことで、故人との別れの気持ちを整えていくことになるのです。

遺体の安置

　納棺まで、遺体は布団に寝かせます。さらしの布かガーゼなど白い布を顔にかけ、両手は胸のところで合わせることもあります。仏式で行なう場合は、一般に頭を北向きに置く北枕（釈迦が亡くなったときの位置）にしますが、部屋のスペースや構造的に難しいときは西向き（極楽浄土の方向）でもかまわないようです。部屋の温度に注意し、冬は暖房を切り、夏は冷房にします。

　枕飾り（遺体のかたわらに小机を置き、仏具などを置くこと）は宗教や地方によって異なりますから、僧侶や神官などが来てから相談するといいでしょう。

病院で亡くなった場合

　医師による死亡の確認後、看護師が死後のケア（エンゼルケア）をしてくれます。その後、遺体は霊安室に運ばれて、搬送されるまで仮安置されます。葬祭業者が決まっていればそこに連絡して、遺体の搬送から依頼します。決まっていない場合、病院で紹介した業者が搬送してくれますが、そのまま葬儀まで依頼しなければならないということではありません。搬送のみを頼み、葬儀は別の業者に依頼できます。

COLUMN　エンバーミング

　遺体に、消毒・防腐・修復・化粧といった処置を行なうことをエンバーミングと言います。エンバーミングを行なうと、15～20日程度は腐敗することなく遺体を保つことができます。また、事故で損傷がひどかった遺体も、修復により以前に近い姿でお別れができるようになります。感染防止の役割もあるため、外国へ搬送したり外国から搬送されてくる場合などは、基本的にエンバーミングを行ないます。

　最近では、きれいな顔で旅立ちたいと生前予約する人も増えてきているようです。

PART 5
CHAPTER 4
家族で整える旅立ちの
したく

故人の遺志を第一に考え行なう葬儀の準備

葬儀を行なうにあたり、エンディングノートなど故人の遺志を記したものがあれば確認します。できるだけ、故人の遺志に沿った見送りができるよう、元気なうちにエンディングノートを書いておいてもらうか、自身では難しければ、家族が本人の意思を確認し記したものを残しておくと、葬儀やその後のお墓のことなどへの対応もスムーズにすすみます。

葬祭業者は、故人が前もって指定しているところがあればその業者に連絡します。新たに葬祭業者に依頼するときは、見積書を出してもらうと葬儀の規模や内容を決める際の目安になります。遺族で話し合い、どのような葬儀にしたいのかを業者に伝え、日程なども決めます。あとで行き違いなどが生じないよう、仕様書を受け取っておきます。

通夜、葬儀の日程や場所が決まったら、関係者に連絡します。家族葬など少人数の場合は遺族が直接連絡できますが、一般の葬儀では関係先の代表数人に知らせ、そこから連絡してもらいます。葬儀を宗教にのっとり行なう場合は、お寺や神社、教会などに連絡し、僧侶などと通夜・葬儀の進行、戒名（かいみょう）などについて相談します。

死亡届を、もよりの役所に提出するのを忘れずに。死亡届を出さないと、火葬許可証が交付されません。火葬許可証は、火葬場に提出するのに必要です。

最近では、亡くなった場所（自宅や病院）から直接、火葬場へ送る直葬（ちょくそう）や、無宗教の葬儀が増えています。葬儀には残された家族のグリーフケアの意味合いもあるので、本人の遺志を尊重しつつ、家族も納得できる形式を選ぶことが望ましいと言えます。

遺された人たちの心のケアにもつながる納棺

遺体は布団に寝かせていますが、通夜の前、家族・親族がそろったところで、棺（ひつぎ）に納めます。納棺の際までに、旅立ちの衣装を着せていなければ、横になった遺体の上から衣装でおおうようにします。仏式の場合、以前は経帷子（きょうかたびら）などの死装束（しにしょうぞく）を着せていました

が（浄土真宗は除く）、最近は、故人のお気に入りだった服や、故人の趣味を偲ばせる衣装などを着せることが多くなっています。

その他、棺には故人の愛用した品や思い出の物なども納めます。故人を装わせ、思い出の品々を選び棺に納める行為は、遺された人たちの心のケアにもつながるものです。

図5-2 ●死亡から通夜までの手順

臨終
- 医師による死亡判定
- 死後の処置（遺体の衛生処置）をする
- 葬祭業者に連絡する
- 末期の水（死水）をとる
- 死亡診断書を受け取る
- 安置場所を準備する

↓

遺族の打ち合わせ
- エンディングノートなどで本人の遺志を確認する
- 喪主を決める　・死亡届を書く
- 葬儀の形態、規模、費用などを話し合い、葬祭業者に正式に依頼する
- 死亡の連絡先を確認
- 葬儀を宗教形式にのっとり行なう場合は、寺院、教会、神社へ依頼する
- 遺影写真を決める　・手元に必要資金を準備する

↓

遺体の安置
- 遺体を安置し枕飾りをする
- 仏式であれば、枕経をあげてもらう（省略する場合もある）
- 宗教関係者と葬儀の行ない方、戒名などについて打ち合わせる
- 必要な場合は、近所や会社関係などに手伝いを依頼する

↓

葬祭業者との打ち合わせ
- 葬儀の形態、規模、費用、日程について、遺族の希望を伝え、打ち合わせをする
- 死亡届・火葬許可申請書の役所への提出を依頼する
- 業者から仕様書、見積書を受け取り、内容を確認する

↓

納棺
- 故人の旅立ちの衣装を準備する
- 遺体を整えて着替えさせる（硬直前に、死後の処置で行なうこともある）
- 納棺する

↓

葬儀の案内
- 通夜・葬儀の日程、場所などを関係者に連絡する

↓

通夜

参考：北村香織編『小さなお葬式』（小学館）

PART 5
CHAPTER 5
遺された家族の悲しみを癒すグリーフワーク

悲しみを受け入れるためのグリーフワーク

　家族や友人など大切な人の死は、大きな悲しみをもたらします。その悲嘆（grief：グリーフ）を整理し、自分らしく生きるためのプロセスを「グリーフワーク」と言います。

　死別によって遺された人に起こる感情は一人ひとり異なりますから、回復までの過程であるグリーフワークもそれぞれ違って当然です。大切な家族を亡くした直後は、悲しみのあまり茫然自失の状態に陥る人も少なくありません。ふだんは温厚な人がとても怒りっぽくなったり、ちょっとしたことで泣き叫んだりなど、激しい感情を表すようになることもあります。また、自分の抱える悲しみを理解できる人は誰もいないのだという疎外感をもつこともしばしばです。何もやる気がせず、人に会うのを避けるようになるなど抑うつ状態に陥ることもあります。

　こうした心理的な反応は、大きな喪失を経験した人の大半にみられるもので、病的なものではありません。多くは、そんなつらい状態にあっても、なんとか現実に適応しようとし、新しい社会関係を築いていこうと努めます。しかし、いつも前向きでいられる人はむしろ少なく、回復の途上ではさまざまな感情を行きつ戻りつ、揺れ動きます。

　ひと昔前は、地域などに遺族を慰め支える人間関係が存在し、また、四十九日、百か日、一周忌など（仏教の場合）の儀礼を通し、徐々に悲嘆を受け入れていく、グリーフワークとも言えるようなプロセスがありました。しかし、現代では人間関係が希薄になった上、儀礼の簡略化もすすんだせいか、死別による悲しみがダイレクトに遺族の大きなストレスとなって、精神的・身体的不調を訴える人が増えています。

　そこで、まずは無理に悲しみなどの感情を抑え込もうとせず、自分の気持ちに素直に向きあってください。その際に、家族や友人など周囲の人の力を遠慮なく借りることです。故人の思い出話をしたり、大事にしていた物の手入れをいっしょにしたりすることなどが、徐々に喪失を受け入れていく助けとなるでしょう。人によっては、故人の趣味であった俳句や写真、絵などを整理し本にまとめたり、やり残した仕事や作業を引き継いでいくことなどがグリーフワークになることもあります。

悲しみに寄り添い支えるグリーフケア

　グリーフワークを支え見守ることを「グリーフケア」と言います。ケアのポイントは、本人の悲しみに寄り添うこと。無理に話をさせたり、励ましたり、むやみに慰めても、むしろ無神経な言葉に傷ついたり、何もわかっていないと疎外感を覚えたり、逆効果になる場合が少なくありません。話したくない様子のときは、黙って手を握り、背をさすってあげるだけでも、相手を思いやる気持ちは伝わります。話したそうにしていたら、話を聴くだけでいいのです。家に閉じこもっていれば、外へ連れ出してあげるのもいいでしょう。グリーフケアは、その人に寄り添うことと、悲しみなどのさまざまな感情への深い共感がなにより大切です。

　専門的な知識をもって活動をしているところもありますから、そういう団体などに相談し支援してもらうのも一つの方法です。最近では、グリーフケアを実施するNPOや遺族会などもありますし、病院や訪問看護ステーションなどでもグリーフケアに取り組むところが増えてきています。特に、在宅で最期を迎えた場合は、その後も家族の様子を見守ることを在宅医療・看護の一環ととらえ、本人の死亡後半年ほど、しばらくは継続して家族のもとに訪問するところもあります。相談してみるといいでしょう。

COLUMN　グリーフケア外来・遺族外来

　グリーフケアを専門に扱う「グリーフケア外来」や「遺族外来」を設けている病院があります。悲しみのあまり、うつ状態が長く続いたり、体調をくずしてしまう遺族などもいますから、ひどくなる前に、心身ともにトータルにみてくれる、このような専門外来に相談することも助けになります。

　また、緩和ケアやホスピスなどのある病院は、たいてい遺族のグリーフケアも行なっています。ただし、対象が入院した患者の遺族だけなのかどうか、電話で聞いてみるといいでしょう。近くに専門の遺族外来がなくても、心療内科などでグリーフケアに取り組んでいるクリニックなどもあるようです。

■ 編集後記

「お母さんが救急車で市民病院へ運ばれて行かれました。お父さんが一緒に付き添われて」

遠くに暮らす母が倒れたという連絡は、夜遅く、いつも父母を気にかけてくださっていた「ご近所さん」からでした。「救急隊の人に心臓マッサージをされていた」とさらに知らされたとき、家族としての覚悟は決まりました。病院で蘇生した翌朝、ICUで面会した母は口から挿管され、意識も反応もないままベッドで人工呼吸器によって息をしていました。

母は認知症でした。診断を受けたとき、当然のように不安や心配が先にたちました。ただ正直に白状すると、それは母本人の立場にたったものではなく、遠く離れて暮らす家族にとっての自分本位な不安であったと言えます。その後、知らないことを知ることによって、またいかに本人の立場にたって考えるかによって、認知症に対する家族としての不安は、ずいぶん軽減されることを実感しました。

そして同時に疑問がわきました。母、そして父が長年住みなれたまち、自分たちの家で、最期まで暮らすことは可能なのか。そのための制度は整っているのか。経費は？　誰が、どこに、どうやって、いつ頼むのか。わからないことだらけです。

きっと多くの人が同じような疑問をもち、不安を抱えていることだろう。その数々の不安を軽減するためには、知らないことを知り、わからないことをわかって、少しでも先の見通しがもてるようにすることではないか。こうして本書の編集を始めました。

母が倒れたのは認知症と診断されてから約4年。家事はほとんどできなくなり、ホームヘルパーによる家事援助と看護師の訪問を受けながら、本人はデイサービスなどの利用を頑なに拒否。ほぼ家の中で過ごすため、足腰の衰えが目に見えてわかるほどになっていました。親身なケアマネジャーの努力でようやくその気になり、デイサービスに通うことを本人が決め、新たな生活へ少し積極的に踏み出そうとした矢先でした。

「心筋梗塞」、残された命は「数日から数週間」。救急の担当医から告げられ、そして問われました。すでに施されている延命処置から、さらに高度な処置を希望しますか？

父をはじめ家族のこたえは決まっていました。母は、ずっと昔から自分の延命処置を拒否する発言をしていました。「管につながれて生き続けるのはいや」。倒れるつい3日前にも、家族に自分の意思を言葉ではっきりと伝えていましたから。

母の思いを医師に伝えたその日の夕方、せっかちな母は息を引き取りました。それほど「いや」だったのかと思わせるくらいに。

母の望んだとおりの最期になったのかどうか、ほんとうのところはわかりません。でも住みなれた自宅に暮らし続け、1日だけ「管につながれ」たけれども、その人生の最期は見事に母らしいものであったと、残った家族は信じています。

倒れた翌日のICU。家族の声かけに対して、意識のないその目に涙があふれました。それは、「声が届いた」と家族が思えるようにとの母のはからいにも思えます。

(ふ)

2015年2月

監修者 新田國夫 ｜にった・くにお｜
医療法人社団つくし会　新田クリニック院長
岐阜県出身。1967年早稲田大学第一商学部卒業。1979年帝京大学医学部卒業。同大学病院第一外科・救急救命センターに勤務。その後、生化学医学博士修得。1990年に東京都国立市で新田クリニックを開業。1992年医療法人社団つくし会設立、理事長に就任。地域の在宅医療に尽くし、22年間に1000人近くの患者を看取る。日本臨床倫理学会会長、全国在宅療養支援診療所連絡会会長、福祉フォーラム・東北会長。

編　者 朝日新聞厚生文化事業団　｜あさひしんぶんこうせいぶんかじぎょうだん｜
【東　京】〒104-8011　東京都中央区築地 5-3-2　　　TEL.03-5540-7446　FAX.03-5565-1643
【大　阪】〒530-8211　大阪市北区中之島 2-3-18　　TEL.06-6201-8008　FAX.06-6231-3004
【名古屋】〒460-8488　名古屋市中区栄 1-3-3　　　　TEL.052-221-0307　FAX.052-221-5453
【西　部】〒803-8586　北九州市小倉北区室町 1-1-1　TEL.093-563-1284　FAX.093-563-1287
　　　　　ホームページ：http://www.asahi-welfare.or.jp/

編集協力：石川れい子、杉村和美、松田容子
イラスト：見杉宗則
装丁・デザイン：菅田　亮（クリエイツかもがわ）

生き方、逝き方ガイドブック　　最期の暮らしと看取りを考える

2015年2月28日　初版発行

　　監　修　　新田國夫（医療法人社団つくし会　新田クリニック院長）
　　編　者　　朝日新聞厚生文化事業団
　　発行者　　田島英二　info@creates-k.co.jp
　　発行所　　株式会社クリエイツかもがわ
　　　　　　　〒601-8382　京都市南区吉祥院石原上川原町21
　　　　　　　電話 075(661)5741　FAX 075(693)6605
　　　　　　　郵便振替　00990-7-150584
　　　　　　　ホームページ　http://www.creates-k.co.jp

　　　　　　　印刷所──シナノ書籍印刷株式会社

ISBN978-4-86342-156-1 C0036　　　　　　　　　　　　　　　　Printed in Japan

好評既刊

本体価格表示

認知症の本人が語るということ 扉を開く人 クリスティーン・ブライデン

永田久美子／監修　NPO法人認知症当事者の会／編著

クリスティーンと認知症当事者を豊かに深く学べるガイドブック。
認知症の常識を変えたクリスティーン。多くの人に感銘を与えた言葉の数々、続く当事者発信と医療・ケアのチャレンジが始まった……。そして、彼女自身が語る今、そして未来へのメッセージ！

2000円

私は私になっていく 認知症とダンスを〈改訂新版〉

クリスティーン・ブライデン／著　馬籠久美子・桧垣陽子／訳

ロングセラー『私は誰になっていくの？』を書いてから、クリスティーンは自分がなくなることへの恐怖と取り組み、自己を発見しようとする旅をしてきた。認知や感情がはがされていっても、彼女は本当の自分になっていく。

2000円

私は誰になっていくの？ アルツハイマー病者から見た世界

クリスティーン・ボーデン／著　桧垣陽子／訳

認知症という絶望の淵から再び希望に向かって歩み出す感動の話！
世界でも数少ない認知症の人が書いた感情的、身体的、精神的な旅―認知症の人から見た世界が具体的かつ鮮明にわかる。

2000円

VIPSですすめるパーソン・センタード・ケア あなたの現場に生かす実践編

ドーン・ブルッカー／著　水野裕／監訳　村田康子・鈴木みずえ・中村裕子・内田達二／訳

「パーソン・センタード・ケア」の提唱者、故トム・キットウッドに師事し、彼亡き後、その実践を国際的にリードし続けた著者が、パーソン・センタード・ケアの4要素（VIPS）を掲げ、実践的な内容をわかりやすく解説。あなたの現場に生かすVIPSフレームワークシートで実践！

2200円

パーソン・センタード・ケア〈改訂版〉 認知症・個別ケアの創造的アプローチ

スー・ベンソン／編　トム・キットウッド、ボブ・ウッズ／企画・構成　稲谷ふみ枝・石崎淳一／監訳

すぐれた認知症ケア13の物語（事例）と、提唱者トム・キットウッドと継承者ボブ・ウッズのていねいな解説から、「パーソンセンタード・ケア」の理念と考え方がわかる。専門職、家族にもわかりやすいテキスト。

1500円

介護の質 「2050年問題」への挑戦

森山千賀子・安達智則／編著

特別な人が介護を要するのではなく、誰もが介護に関わる時代はすぐそこにきている。地域に根ざした豊富な事例と深い理論的考察、先駆的な取り組みに学びながら、「介護の質」が保障された地域社会を展望する。

2200円

認知症を生きる人たちから見た地域包括ケア

「京都式認知症ケアを考えるつどい」と2012京都文書

「京都式認知症ケアを考えるつどい」実行委員会／編著

京都の認知症医療・ケアの現在と道筋をデッサンし、認知症を生きる彼・彼女から見た地域包括ケアを言語化する試み―「つどい」の全記録。

1800円

ケアメンを生きる 男性介護者100万人へのエール

津止正敏／著

男女が共に介護を担う時代は、新しい社会の幕開け！　男女とわず誰もが介護を担う時代……男女が手を携え、家族と自分の老後を安心して託すことが可能な、新しい介護のスタイルとシステムを創造していくことを提起。

1600円

好評既刊

本体価格表示

やる気と自信を呼びさます 認知症ケアと予防に役立つ　料理療法

湯川夏子／編著　　前田佐江子・明神千穂／共著

料理療法とは？ 認知症の人でも料理ができる？ 料理が苦手な人でも支援ができる？ ―高齢者にとって料理は長年慣れ親しんできた日常生活の一端です。それを通して楽しみとやる気を得、役割を担うことで精神面での向上につながります。やる気と自身を取り戻す料理療法をぜひおためしください。　　2200円

ダンスコミュニケーション　認知症の人とつながる力[CD-ROM付]

ヘザー・ヒル／著　　三宅眞理・吉村節子／編　　山口樹子／訳

ダンスは認知症の本人にも生きる楽しみと元気を与え、まわりの人との関係も改善してくれる！ 認知症の人の人生を、そして寄り添う人の人生を豊かにする方法の一つとしてダンスを紹介。さあ、一緒にダンスをしてみませんか？ 身体の動かし方やダンスのアイデア、実践方法も詳しく紹介！　　1500円

人間力回復　地域包括ケア時代の「10の基本ケア」と実践100

大國康夫／著（社会福祉法人協働福祉会）

2刷

施設に来てもらったときだけ介護をしていればいいという時代は終わった！ あすなら苑の掲げる「10の基本ケア」、その考え方と実践例100項目から、「地域包括ケア」時代における介護のあり方、考え方に迫る。　　2200円

あなたの大切な人を寝たきりにさせないための 介護の基本　あすなら苑が挑戦する10の基本ケア

社会福祉法人協同福祉会／編

7刷

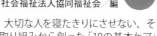

悪臭・異臭なし。オムツをしている人はゼロ！ 全員が家庭浴に。大切な人を寝たきりにさせない、その人らしく生活できる介護とは。臨機応変、創意工夫あふれる取り組みから創った「10の基本ケア」の実践。　　1800円

若年認知症の人の"仕事の場づくり"Q&A　「支援の空白期間」に挑む

藤本直規・奥村典子／著

介護保険サービスへのスムーズな移行が最大の目的ともいえる「仕事の場」で、「働くこと」「仕事」を真ん中に、本人、家族、専門職、地域がつながった！ 「支えること」「支えられること」の垣根を超えて―　　1800円

認知症ケアこれならできる50のヒント　藤本クリニック「もの忘れカフェ」の実践から

奥村典子・藤本直規／著

「もの忘れカフェ」の取り組みをイラストでわかりやすく解説。三大介護の「食事」「排泄」「入浴」をテーマにした、現場に携わる人へ介護のヒントがいっぱい。
【長谷川和夫先生すいせん】　　2000円

続・認知症の医療とケア　「根拠のあるケア」を追い求めて

藤本直規・奥村典子／著

2刷

症状が進んでも変わらない信頼関係のなかで、本人の言葉（想い）と医学的知識に裏付けられた中核症状の理解、現場で生かす具体的な対応の仕方を紹介。「中核症状に対するケア」を解説した希少な書。　　2200円

認知症の医療とケア　「もの忘れクリニック」「もの忘れカフェ」の挑戦

藤本直規・奥村典子／著

4刷

「認知症になったことはあきらめるが、これからの人生はあきらめない」と決めた人々と真正面から向き合うクリニックの取り組みから見えてくる、これからの『認知症医療』と『ケア』。　　2200円

好評既刊

本体価格表示

食べることの意味を問い直す
物語としての摂食・嚥下

新田國夫・戸原玄・矢澤正人／編著

最期まで「口から食べる」ための在宅支援と地域づくりの物語—
医科・歯科の臨床・研究のリーダーが、医療の急速な進歩と「人が老いて生きることの意味」を「摂食・嚥下のあゆみとこれから」「嚥下の謎解き—臨床と学問の間」をテーマに縦横無尽に語る！
東京・多摩の医師・歯科・多職種連携、訪問看護師・歯科衛生士・栄養士が取り組む「摂食・嚥下ネットワーク」のすぐれた事例を紹介！

2200円

認知症カフェハンドブック

武地 一／編著・監訳　京都認知症カフェ連絡会・NPO法人オレンジコモンズ／協力

**イギリスのアルツハイマーカフェ、メモリーカフェに学び、
日本で開設するための具体的な方法をわかりやすく紹介！**
認知症になったからと家に引きこもったり、家族の認知症のことで一人悩んだりするのではなく、気軽にふらっと立ち寄って、認知症のことを話し合ってみたい。そんな思いをかなえる場所、それが認知症カフェ。

〈目次〉1.認知症カフェ開設のための手引き　概要／2.認知症カフェ開設のための手引き／3.アルツハイマーカフェ開設の手引きとなるマニュアル／4.メモリーカフェ開設のための手引書／5.認知症カフェの取り組みから

1600円

Withシリーズ　ウィズシリーズ　朝日新聞厚生文化事業団／編

認知症とともに　家族が認知症になったら

藤本直規・奥村典子／監修

家族支援にこの1冊！
認知症は特別な病気ではなく、だれにでもなる可能性がある病気。認知症とはどんな病気なのか？　必要な時に、必要な知識と注意点、アドバイスをイラストとあわせてわかりやすい1冊に！

1300円

みんなのうつ　うつ病かなと思ったら

大野　裕／監修

うつ病のなったからとあきらめない。病気と上手に付き合いかたがわかります。
カギは「喪失体験」だった！　日常的な落ち込みとうつ病はどう違う？　きっかけや原因は？　治るの？　治らないの？　実は知らない「うつ病って何？」に応えるハンドブック。

1500円

なるほど高次脳機能障害　誰にもおきる見えない障害

橋本圭司／監修

こんなにわかりやすい高次脳の本はなかっと評判！
発症・診断、症状とその対応、リハビリテーションをわかりやすく解説した入門書。当事者・支援者の声と、回復後の生活環境・就労支援情報も豊富。

1200円